多语种跨境电子商务系列精品教材
跨境电子商务"十四五"系列教材

跨境电商网店设计与装修

胡秋芬◎主　编
阮春燕　李　橙◎副主编

电子工业出版社
Publishing House of Electronics Industry
北京·BEIJING

内 容 简 介

本书坚持以"立德树人"为根本任务,以"新文科"建设为背景,依据 OBE 教育理念、布鲁姆教育目标分类法开发教学内容,按照"道+器+术"的逻辑结构模块化设计教学内容,循序渐进地让学生在掌握网店设计与装修基础理论知识及实践操作技能的基础上,学会网店核心模块设计,掌握整店设计与装修。

本书共分为四篇,按照视觉设计之"道"(第一篇 基础理论知识)、"器"(第二篇 实践操作技能)和"术"(第三篇 网店核心模块设计、第四篇 网店设计综合训练)的逻辑结构设计。第一篇(第 1 章～第 3 章)包括网店设计与装修概述、网店视觉营销和网店视觉营销美学基础;第二篇(第 4 章～第 6 章)包括商品拍摄技法、Photoshop 商品图像处理和剪映商品短视频制作;第三篇(第 7 章～第 8 章)包括网店首页设计和商品详情页设计;第四篇(第 9 章～第 10 章)就具体主题进行 PC 端网店设计与装修和移动端网店设计与装修的学习。本书适合应用型本科院校、高职高专院校经济贸易类、电子商务类、设计学类、计算机类等专业教学使用,也可作为企业员工培训、个体卖家的学习教材或参考用书。

未经许可,不得以任何方式复制或抄袭本书之部分或全部内容。
版权所有,侵权必究。

图书在版编目(CIP)数据

跨境电商网店设计与装修 / 胡秋芬主编. -- 北京:电子工业出版社, 2025. 1. -- ISBN 978-7-121-49537-3

Ⅰ. F713.361.2

中国国家版本馆 CIP 数据核字第 2025DG7818 号

责任编辑:王英欣
印　　刷:北京缤索印刷有限公司
装　　订:北京缤索印刷有限公司
出版发行:电子工业出版社
　　　　　北京市海淀区万寿路 173 信箱　　邮编:100036
开　　本:787×1092　1/16　　印张:15.5　　字数:358 千字
版　　次:2025 年 1 月第 1 版
印　　次:2025 年 1 月第 1 次印刷
定　　价:66.00 元

凡所购买电子工业出版社图书有缺损问题,请向购买书店调换。若书店售缺,请与本社发行部联系,联系及邮购电话:(010)88254888,88258888。
质量投诉请发邮件至 zlts@phei.com.cn,盗版侵权举报请发邮件至 dbqq@phei.com.cn。
本书咨询联系方式:(010)88254609,hzh@phei.com.cn。

多语种跨境电子商务系列精品教材
编委会

总 顾 问：修　刚　魏小琳　陈文涛

总 主 编：杨小平　高志栋

副总主编：单胜江　逯宇铎

　　　　　戚洪波　李晓明

编　　委：胡秋芬　胡建海　王佳桐　孙一得

　　　　　马　帅　韩朝胜　左雪莲　谭福成

　　　　　高建明　张　斌　江　芳

写在前面

多语种跨境电子商务系列精品教材是由浙江越秀外国语学院杨小平、高志栋教授邀请并组织跨境电商知名教师和行业专家进行编写的，目的是满足跨境电商教学和社会跨境电商从业人员学习提升的需求。第一批中文版跨境电子商务系列精品教材包括《跨境电子商务概论》《跨境电商平台操作》《跨境电商营销实务》《跨境电商网店设计与装修》《国际市场数字化营销》《跨境货物数字贸易实务》《跨境电商物流与供应链管理》《跨境电商财务管理》《数字管理学》《跨境电商数据分析与决策》，第二批将出版中英双语跨境电子商务系列精品教材。教材的编写既突出了跨境电商的基本原理与路径，又体现了实务导向，兼顾了学习的趣味性和教学的科学性，并且运用了先进、鲜活的教学资源。

浙江越秀外国语学院积极支持这套教材的编写，为教材能服务于跨境电商教学与学习感到自豪。浙江越秀外国语学院始创于1981年，是经教育部批准设立的全日制普通本科院校，坐落于中国首批历史文化名城、著名的江南水乡——浙江绍兴。学校设有西方语言学院、东方语言学院、英语学院、应用外语学院、国际商学院、数字贸易学院、网络传播学院、中国语言文化学院、东部理工数据科学与传播学院（中外合作）等14个二级学院；目前开设了51个本科专业，涉及英语、法语、德语、俄语、西班牙语、意大利语、葡萄牙语、捷克语、土耳其语、波兰语、日语、朝鲜语、阿拉伯语、印度尼西亚语、泰语、波斯语、印地语等17个外语语种，涵盖文学、经济学、管理学、艺术学、工学、教育学6大学科门类。

浙江越秀外国语学院积极践行"以学生为中心"的育人理念，通过专业教学与外语教学、理论教学与实践教学、本土教学与境外教学的有效融合，彰显了外语+、应用型、国际化人才培养特色，形成了"外语+跨境电商（微专业）""外语+数字贸易（微专业）"等人才培养模式，学校教学改革的尝试受到了社会各界的肯定与赞誉。学校在2024年软科中国民办语言类高校排名中位列第2，在2024年软科全国民办高校排名中位列第6。

希望本套教材能服务于跨境电商的教学，助力教育与学习活动，成为教育者与学习者乐于使用的新型教材。

浙江越秀外国语学院

校长：修刚

2024年3月

序

跨境电商已经成为数字贸易的重要组成部分，并迅速发展为全球商品与服务贸易的重要形式，呈现出快速发展的趋势，受到了各界的高度关注。然而，与传统贸易不同，跨境电商基于网络平台，既有商家客户，也直接面向终端消费者。在整个交易过程中，如何通过网络平台更好地进行跨境线上营销？如何更好地优化国际物流路线？如何融合跨文化元素设计店铺？如何优化商品组合及运营决策？这些问题，既是跨境电商实务需要迎接的挑战，也是跨境电商人才培养面临的切实问题。因此，融通语言工具、商业交流和跨境电商业务，培养具备外语交流能力、跨文化沟通技巧和跨境电商实务技能的复合应用型跨境电商人才是当前教育界需共同完成的任务。

浙江越秀外国语学院是一所拥有17个外语语种和14个经管专业的综合型大学，学校结合自身学科专业优势，积极面向社会需求进行人才交叉培养。近年来，学校与浙江省商务厅、绍兴市综合保税区、绍兴市商务局、宁波保税区、阿里巴巴集团、杭州普特教育集团、盘石全球数字经济平台、绍兴黄酒小镇、华东国际珠宝城等政企单位紧密合作，协同培养跨境电商人才。在培养过程中我们发现，当前绝大多数教材同质性现象比较严重，同时，较多教材依然以电子商务业务本身为主，对"跨境"面临的挑战与实际问题不够重视，甚至忽略。例如，在跨境电商网店设计上，色彩的应用需要考虑不同国家和民族的审美甚至习俗差异；在沟通方面，如果仅仅停留于让自己和对方"听得懂"，不深入客户群体的文化层面，即使交易成功，双方的沟通也仅限于商品本身的功能层面，无法深入商品或服务的品质层面。这些细节，是影响跨境电商企业能否长期根植于国际市场、能否"俘获"国际消费者的关键问题。遗憾的是，当前绝大多数同类教材并没有注意到这些细节，更没有将这些细节提升到理论的高度向学生们讲授和传达。因此，结合在跨境电商人才培养过程中面临的问题，围绕跨境电商主体业务领域，我们进行了大量的调研，并且将调研成果应用于人才培养、教学和课程内容之中。在积累了大量的案例数据和基础资料后，我们编写了本系列教材的原本。

本系列教材在建设过程中吸收了浙江越秀外国语学院副理事长徐真华教授（原广东外语外贸大学校长）关于学校"外语+"的发展战略思想，同时，徐教授关于经管类专业特色建设方面的理念为教材编写指明了方向。最后，在修刚校长和魏小琳常务副校长的帮助下，组建了由高志栋博士、陈文涛教授、单胜江教授、逯宇铎教授、戚洪波教授、李晓明教授、韩朝胜教授、胡秋芬副教授、胡建海副教授和王佳桐副教授等专家构成的编写团队，负责编写《跨境电子商务概论》《跨境电商平台操作》《跨境电商营销实务》《跨境电商网店设计与装修》《国际市场数字化营销》《跨境货物数字贸易实务》《跨境电商物流与供应链管理》《跨境电商财务管理》《数字管理学》《跨境电商数据分析与决策》10本教材。

本系列教材具有以下特色。

第一，以实务为导向，便于理解和掌握。本系列教材内容贴近跨境电商实务，每章都通过"导入案例"引入"学习任务"，并且设计"扩展阅读"与"思考题"，使学生既能掌握跨境电商营销相关知识，又能了解各大电商平台，同时能掌握跨境电商营销工具、方法和技能。

第二，趣味性和认知性兼具，有利于提高学习效果。本系列教材每个章节都配有图文案例和视频资料，将枯燥的知识点通过各类数字化资源呈现出来，让学生更直观地了解当前跨境电商的工作场景，积累更多的实操经验。

第三，课程安排循序渐进，有利于语言能力与专业能力的提升。本系列教材的数字资源包括教学视频、课件、图文案例，符合学生的语言能力发展与专业学习的特点。

本系列教材的编写历经了调研、案例开发、资料收集、撰写等多个环节，从立意到成书共历时3年半。在此对所有参与和支持编写的各位学者专家及领导表示感谢！首先，感谢逯宇铎教授，逯教授以前在"985 A类"大学任教，从事教学和科研工作，成果丰硕。到我校任职后，逯教授积极从事教材建设工作，并且指导青年教师工作，先后出版了多本国家级及省部级规划教材，他在本系列教材建设中默默奉献，在教材设计、内容审阅、出版等方面兢兢业业，一丝不苟，审校时达到了"咬文嚼字"的严谨程度，有力地保障了系列教材建设质量！其次，作为总主编之一，我非常感谢胡秋芬副教授的支持，她是一位非常专业且认真负责的老师，她热爱教学工作，在担任学院行政职务的同时能够抽出时间认真编写教材实属不易。另外，我也非常感谢单胜江教授、戚洪波教授、李晓明教授、韩朝胜教授、胡建海副教授、王佳桐副教授、孙一得博士、马帅博士、左雪莲副教授、谭福成副教授、高建明副教授、张斌老师、江芳老师、张佳美老师和沈桑莎老师，他们专业且认真的编写工作让我印象深刻，并且时刻提醒自己要积极努力学习，将热情转化为劳动成果。最后，感谢浙江越秀外国语学院校长修刚等学校领导对本系列教材的支持，修刚校长、魏小琳常务副校长和陈文涛副校长亲自担任本系列教材的总顾问，高志栋副书记担任总主编，他们为教材建设提供了非常宝贵的意见和帮助。本教材还得到了浙江越秀外国语学院原校长叶兴国和一些调研企业的支持和帮助，同时，出版社和编委们为教材的顺利出版做了很多努力。此外，对绍兴市重点创新团队——绍兴文化产业多语种跨境电商创新团队、绍兴智慧社会智能监测防控重点实验室、浙江越秀外国语学院A类重点学科建设项目——工商管理学科、国际商务省一流专业、绍兴市重点专业建设项目——电子商务专业的支持，在此一并表示感谢！

总主编：杨小平 博士/教授
2024年3月

前　言

我国一直高度重视跨境电子商务的发展并持续优化行业发展环境，助力行业高质量发展。中华人民共和国商务部报告显示，2022 年我国跨境电商进出口额（含 B2B）为 2.11 万亿元，同比增长 9.8%，其中，出口额为 1.55 万亿元，同比增长 11.7%。

然而，随着传统企业进驻各大电商平台，商家与商家之间的竞争越来越激烈。网店不仅要有好的产品，视觉设计对网店营销也至关重要，优秀的视觉设计能提高商品点击率和转化率。

本书的主要特色体现如下。

1．坚持以"立德树人"为根本任务

"立德树人"思想贯彻于本书编写的全过程。本书融入大量中国知名企业品牌和具有中国文化元素的产品案例或实践项目，助力中国企业走出去、中国产品出海，润物无声地将思政教育与课程教育有机融合。

2．以"新文科"建设为背景，依据 OBE 教育理念、布鲁姆教育目标分类法开发教学内容

本书从实际应用出发，将营销、艺术、技术交叉融合，符合"新文科"背景下的教材建设思路。本书为浙江省"十三五"新形态教材《网店美工》的升级版，以产出为导向、以学习者为中心，为适应时代发展而持续改进，以布鲁姆教育目标分类法为依据进行设计，目标明确、可衡量，教学内容支持目标达成。

3．按照"道+器+术"的逻辑结构模块化设计教学内容

本书按照视觉设计之"道"（第一篇　基础理论知识）、"器"（第二篇　实践操作技能）和"术"（第三篇　网店核心模块设计、第四篇　网店设计综合训练）的逻辑结构设计内容，模块与模块之间循序渐进，最终实现高阶教学目标。

4．内容支持案例式、任务驱动式情境教学

本书设计了大量基于真实工作情境的案例和实践任务，通过案例式、任务驱动式教学，激发学生的学习积极性，提高学生的实践能力、创新能力、就业能力和创业能力，融"教、学、做"为一体，所学即所用，保障学生的学习效果。

5. 配套丰富的立体化数字资源

为辅助学生高效学习、教师高效备课并开展教研交流，本书配有案例视频、PPT、知识思维导图、案例素材、案例源文件、习题、拓展阅读材料等立体化数字资源，为数字化教学提供有力支撑。

本书由胡秋芬担任主编，阮春燕、李橙担任副主编，全书编写思路和框架由胡秋芬拟定，并负责统稿和修改工作，阮春燕负责第 1 章、第 9 章和第 10 章的编写，李橙负责第 2 章、第 3 章的编写，胡秋芬负责第 4 章～第 8 章的编写。本书的顺利出版离不开作者所在单位浙江越秀外国语学院的大力支持。

本书在编写过程中参考了部分网络资料，在此特别说明和感谢，如有不妥之处请联系作者。由于编者水平有限，书中难免存在不足之处，恳请读者批评指正，不胜感激！

本书配套资源可与主编或出版社联系，主编邮箱地址：20042010@zyufl.edu.cn。

编者

2024 年 3 月

目 录

第一篇　基础理论知识

第1章　网店设计与装修概述 ... 2
  1.1　网店装修的概念 ... 3
  1.2　网店装修的重要性 ... 3
  1.3　电商视觉设计师 ... 6
    1.3.1　什么是电商视觉设计师 ... 6
    1.3.2　电商视觉设计师的工作内容 ... 6
    1.3.3　电商视觉设计师的就业前景 ... 7
  1.4　网店设计与装修的常用工具 ... 9
  1.5　知名的跨境电子商务平台 ... 10
  本章关键词 ... 13
  本章习题 ... 13

第2章　网店视觉营销 ... 15
  2.1　视觉营销基础 ... 16
    2.1.1　视觉营销的概念 ... 16
    2.1.2　视觉营销的相关理论 ... 16
    2.1.3　商品、视觉和营销的关系 ... 18
    2.1.4　网店视觉营销的作用 ... 18
  2.2　视觉营销的流程 ... 22

2.3 视觉营销的原则 23

2.4 视觉营销的数据指标 26

本章关键词 28

本章习题 28

第3章 网店视觉营销美学基础 30

3.1 色彩搭配 31

  3.1.1 色彩的分类 31

  3.1.2 色彩的属性 32

  3.1.3 色彩的情感 35

  3.1.4 色彩的心理 40

  3.1.5 色彩的搭配 41

3.2 文字设计 48

  3.2.1 字体的类型 48

  3.2.2 文字的编排规则 50

  3.2.3 创意文字设计 52

3.3 版式设计 53

  3.3.1 版式设计的概念 53

  3.3.2 版式设计的形式法则 53

  3.3.3 版式布局的视觉流程 56

本章关键词 58

本章习题 58

第二篇 实践操作技能

第4章 商品拍摄技法 62

4.1 商品摄影概述 63

  4.1.1 商品摄影的概念 63

  4.1.2 商品照片的基本要求 64

  4.1.3 商品拍摄常见的问题 66

目录

4.2 商品拍摄器材 67
    4.2.1 摄影器材 67
    4.2.2 灯光器材 70
    4.2.3 辅助拍摄器材 74

4.3 商品拍摄流程 76
    4.3.1 前期准备 76
    4.3.2 商品拍摄 78
    4.3.3 后期处理 86
    4.3.4 完成交付 87

本章关键词 87
本章习题 87

第 5 章 Photoshop 商品图像处理 89

5.1 图像基本概念 90
    5.1.1 矢量图与位图 90
    5.1.2 像素 91
    5.1.3 分辨率 91
    5.1.4 颜色模式 92
    5.1.5 图像文件格式 93

5.2 Photoshop 基础操作 93
    5.2.1 工作界面 94
    5.2.2 基础操作 95

5.3 商品图像抠图 98
    5.3.1 形状规则对象抠图 99
    5.3.2 多边形规则对象抠图 100
    5.3.3 轮廓清晰对象抠图 101
    5.3.4 单一背景对象抠图 103
    5.3.5 精细对象抠图 104
    5.3.6 发丝人像抠图 107
    5.3.7 半透明对象抠图 109

5.4 商品图像优化处理 110
    5.4.1 裁剪照片尺寸 110

    5.4.2 矫正倾斜的照片 111

    5.4.3 去除商品图片水印 112

    5.4.4 去除人物脸上的痣 113

    5.4.5 消除人物的眼袋 114

    5.4.6 模特瘦脸瘦身 115

    5.4.7 模特磨皮美白 117

  5.5 商品照片调色 118

    5.5.1 调出不同颜色的商品 118

    5.5.2 提高商品照片的饱和度 119

    5.5.3 调整商品照片的曝光度 120

    5.5.4 调出单色调照片 123

 本章关键词 124

 本章习题 125

第 6 章 剪映商品短视频制作 127

  6.1 短视频概述 128

    6.1.1 短视频的作用 128

    6.1.2 短视频的应用领域 129

    6.1.3 短视频的基本概念 129

  6.2 短视频编辑基础 130

    6.2.1 剪映工作界面 130

    6.2.2 基础操作 132

    6.2.3 实践任务 134

  6.3 视频转场 134

    6.3.1 视频转场的概念 134

    6.3.2 视频转场操作 135

    6.3.3 实践任务 135

  6.4 视频特效 136

    6.4.1 视频特效的概念 136

    6.4.2 视频特效操作 136

    6.4.3 实践任务 137

6.5 音频 138

  6.5.1 音频的重要性 138

  6.5.2 音频操作 138

  6.5.3 实践任务 139

6.6 字幕 139

  6.6.1 字幕的重要性 139

  6.6.2 字幕操作 140

  6.6.3 实践任务 141

本章关键词 141

本章习题 141

第三篇　网店核心模块设计

第 7 章　网店首页设计 144

7.1 店招设计 145

  7.1.1 店招的作用 146

  7.1.2 店招设计解析 146

  7.1.3 实践任务 148

7.2 导航条设计 148

  7.2.1 导航条的作用 148

  7.2.2 导航条设计解析 149

  7.2.3 实践任务 149

7.3 首焦图设计 150

  7.3.1 首焦图的作用 150

  7.3.2 首焦图设计解析 150

  7.3.3 实践任务 157

7.4 商品推荐模块设计 158

  7.4.1 商品推荐模块的作用 158

  7.4.2 商品推荐模块设计解析 158

  7.4.3 实践任务 163

7.5 商品分类区设计 ... 166
7.5.1 商品分类区的作用 ... 166
7.5.2 商品分类区设计解析 ... 166
7.5.3 实践任务 ... 167
本章关键词 ... 168
本章习题 ... 168

第8章 商品详情页设计 ... 171
8.1 主图设计 ... 172
8.1.1 主图的作用 ... 172
8.1.2 主图设计解析 ... 173
8.1.3 实践任务 ... 174
8.2 商品详情设计 ... 175
8.2.1 商品详情的作用 ... 175
8.2.2 商品详情设计解析 ... 175
8.2.3 实践任务 ... 187
本章关键词 ... 189
本章习题 ... 189

第四篇 网店设计综合训练

第9章 PC端网店设计与装修 ... 192
9.1 确定网店风格、色彩搭配和页面布局 ... 193
9.2 PC端首页设计实践 ... 195
9.2.1 设计流程 ... 195
9.2.2 店招和导航条的设计与制作 ... 197
9.2.3 首焦图的设计与制作 ... 198
9.2.4 商品推荐模块的设计与制作 ... 199
9.2.5 商品分类区的设计与制作 ... 203
9.3 PC端商品详情页设计实践 ... 205
9.3.1 设计流程 ... 205

  9.3.2 商品宣传广告的设计与制作 208

  9.3.3 商品整体区的设计与制作 208

  9.3.4 商品细节区的设计与制作 209

  9.3.5 商品描述区的设计与制作 211

  9.3.6 商品场景区的设计与制作 212

本章关键词 214

本章习题 214

第 10 章 移动端网店设计与装修 215

10.1 确定网店风格、色彩搭配和页面布局 216

10.2 移动端首页设计实践 217

  10.2.1 设计流程 217

  10.2.2 店招和导航条的设计与制作 220

  10.2.3 首焦图的设计与制作 221

  10.2.4 热卖商品推荐模块的设计与制作 222

  10.2.5 新品推荐模块的设计与制作 223

  10.2.6 休闲商品推荐模块的设计与制作 224

10.3 移动端商品详情页设计实践 225

  10.3.1 设计流程 225

  10.3.2 商品宣传广告的设计与制作 227

  10.3.3 商品整体区的设计与制作 228

  10.3.4 商品描述区的设计与制作 229

  10.3.5 商品实拍区的设计与制作 230

  10.3.6 商品包装区的设计与制作 230

本章关键词 231

本章习题 231

参考文献 232

第一篇

基础理论知识

第 1 章

网店设计与装修概述

第 1 章　网店设计与装修概述

学习目标

知识目标

1. 知道网店装修的概念。
2. 理解网店装修的重要性。
3. 知道什么是电商视觉设计师、电商视觉设计师的工作内容和就业前景。
4. 知道网店设计与装修的常用工具。
5. 知道知名的跨境电子商务平台。

能力目标

1. 安装网店设计与装修的常用工具。
2. 调查并分析电商视觉设计师的岗位需求。

素养目标

1. 养成关心国家政策、行业发展动态的习惯。
2. 具备认真踏实、精益求精的工匠精神。

知识思维导图

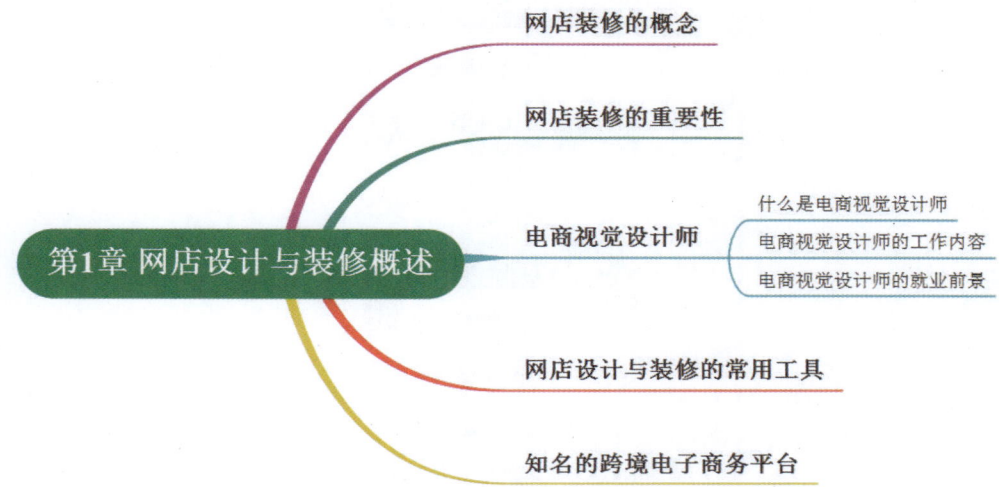

1.1　网店装修的概念

网店装修就是在速卖通、Amazon、eBay 等网店平台允许的范围内，尽量通过文字、图片、视频、程序模板等途径让网店看起来更加丰富美观。

1.2　网店装修的重要性

1. 网店装修代表着网店形象，有助于树立企业品牌形象

在众多线下实体店铺，外部有门头、橱窗、活动海报等，内部有展柜、商品、导购等，而网店则依靠电商视觉设计师（网店美工）对网店进行设计和装修，通过网店首页、商品分类页、商品详情页、活动推广图等对网店和商品进行展示。网店装修与实体店铺装修一样，代表着网店形象，可以使买家对网店产生良好的第一印象，有助于树立企业品牌形象。

案例：大疆无人机店铺（Ali Drones Store）首页如图 1-1 所示。

图1-1 大疆无人机店铺（Ali Drones Store）首页

2. 网店装修是网店进行商品展示的主要方法，是提升商品质感和买家印象的重要手段

在实体店铺买东西，买家可以通过看、闻、听、触摸等方法去感知商品的质量，但在网店买东西，买家只能通过眼睛去看电商视觉设计师设计的文字、图片等，好的网店装修能让商品呈现更好的展示效果。

案例：CURREN 男士手表详情页（部分）如图 1-2 所示。

图1-2　CURREN 男士手表详情页（部分）

案例：钻戒商品图片处理前后效果对比如图 1-3 所示。

图1-3　钻戒商品图片处理前后效果对比

3．网店装修是提高网店流量和转化率的基础

好的装修可以让网店变得更漂亮，给买家带来美的视觉体验，提升网店的吸引力，提高网店的浏览量，促使买家下单，提高转化率。网店装修、网店流量和转化率的关系如图1-4所示。

图1-4　网店装修、网店流量和转化率的关系

总之，网店装修是为了让商品吸引买家眼球，激发买家的购买欲望，达到提高销售额和树立网店品牌形象的目的。

1.3　电商视觉设计师

1.3.1　什么是电商视觉设计师

电商视觉设计师，又被称为网店美工，是网店视觉营销设计和装修工作者的统称。对于成熟的电商企业，视觉营销岗位人员包括运营人员和设计人员，其中，设计人员包括摄影师、视觉设计师和设计师助理等，而对于小型电商企业，视觉设计师往往同时承担了拍摄、设计、装修，甚至运营、文案等工作。因此，高级电商视觉设计师在掌握设计师常规任务的基础上，需要具备先进的营销思维、扎实的美术功底、丰富的想象力和创造力、优秀的文案策划和平面设计能力等，是懂技术、营销、审美、产品、设计的复合型人才。

1.3.2　电商视觉设计师的工作内容

电商视觉设计师的工作内容围绕网店开展，一般包括以下内容。

1. 网店整体形象设计

负责电商平台网店整体形象的构思设计，提升网店的视觉呈现效果。

2. 商品拍摄

了解商品拍摄的特点和要求，掌握光线的使用、商品的布局、环境的选择等，学会使用摄影摄像器材拍摄出优秀的商品照片和视频。

3. 商品修图

对拍摄的商品照片进行后期处理，包括裁剪、抠图、修图、调色等。

4. 首页设计

设计符合网店整体风格和产品特色的首页，常见的模块包括店招、导航条、首焦图、商品推荐模块、商品分类区等。

5. 详情页设计

详情页是将商品的功能、特点等通过图文结合的方式展示出来的页面，设计内容包括主图、商品详情等。

6. 网店活动推广设计

网店装修完成后，还要不定期进行推广促销，工作内容包括设计钻展图、直通车、活动图等。

7. 其他工作

除了上述工作，电商视觉设计师可能还需要分担文案策划、日常产品上架、用户体验分析等工作。

1.3.3　电商视觉设计师的就业前景

在各大知名求职网站输入"电商视觉设计师""网店美工"等关键词进行检索，可以检索出大量相关的工作岗位。在前程无忧网站检索"电商视觉设计师"的结果如图 1-5 所示，在 BOSS 直聘网站检索"电商视觉设计师"的结果如图 1-6 所示。由此可见，在当前电商经济蓬勃发展的良好态势下，市场对电商视觉设计师的需求十分旺盛，电商视觉设计师的就业前景较好。

图1-5 在前程无忧网站检索"电商视觉设计师"的结果

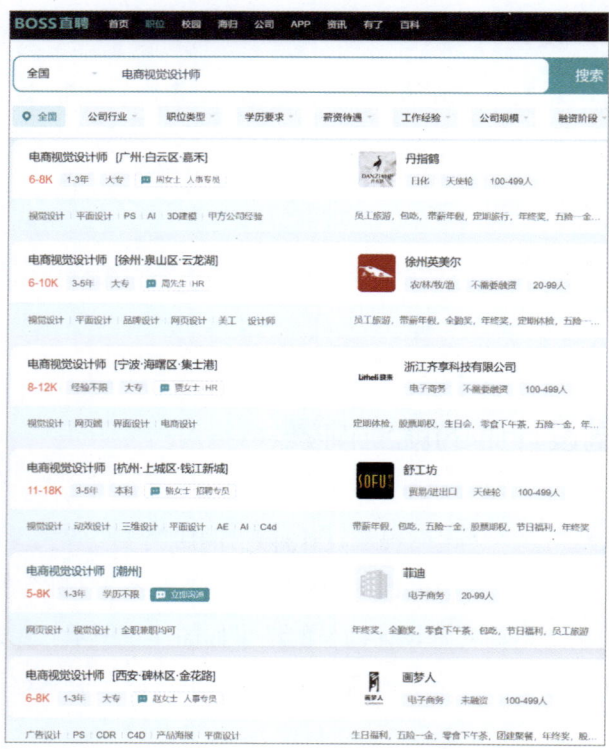

图1-6 在BOSS直聘网站检索"电商视觉设计师"的结果

1.4　网店设计与装修的常用工具

网店设计与装修涉及图像处理、视频编辑、网页制作等多个方面，常用的工具有 Photoshop、剪映、Dreamweaver 等。

1. Photoshop 图像处理软件

Photoshop 是 Adobe 公司旗下非常出名的图像处理软件，专长在于图像处理，是专业设计人员的首选软件之一，如图 1-7 所示。

2. 剪映视频编辑软件

剪映是抖音官方推出的一款手机视频编辑软件，带有全面的剪辑功能，支持变速、多种滤镜效果，具有丰富的曲库资源。软件发布的系统平台有 iOS、Android、mac OS。自 2021 年 2 月起，剪映支持在手机移动端、Pad 端、Mac 计算机、Windows 计算机全终端使用，如图 1-8 所示。对初学者来说，与专业化的视频剪辑软件（如 Adobe 公司的 Premiere 视频编辑软件、苹果公司的 Final Cut Pro 等）相比，剪映更容易上手。

图1-7　Photoshop

图1-8　剪映

3. Dreamweaver 网页制作软件

在当前流行的"所见即所得"的可视化网页制作软件中，Adobe 公司的 Dreamweaver 是使用最广泛、可视化与代码编辑兼容最优秀的一个。现在很多的电商平台都支持代码装修，通过专业操作来实现一些较复杂的链接和编辑，如图 1-9 所示。

图1-9　Dreamweaver

1.5　知名的跨境电子商务平台

1. 速卖通

速卖通（AliExpress）是阿里巴巴旗下的面向国际市场打造的跨境电商平台，被广大卖家称为"国际版淘宝"。速卖通面向海外买家，通过支付宝国际账户进行担保交易，并且使用国际物流渠道运输，是全球第三大英文在线购物网站，其首页如图1-10所示。

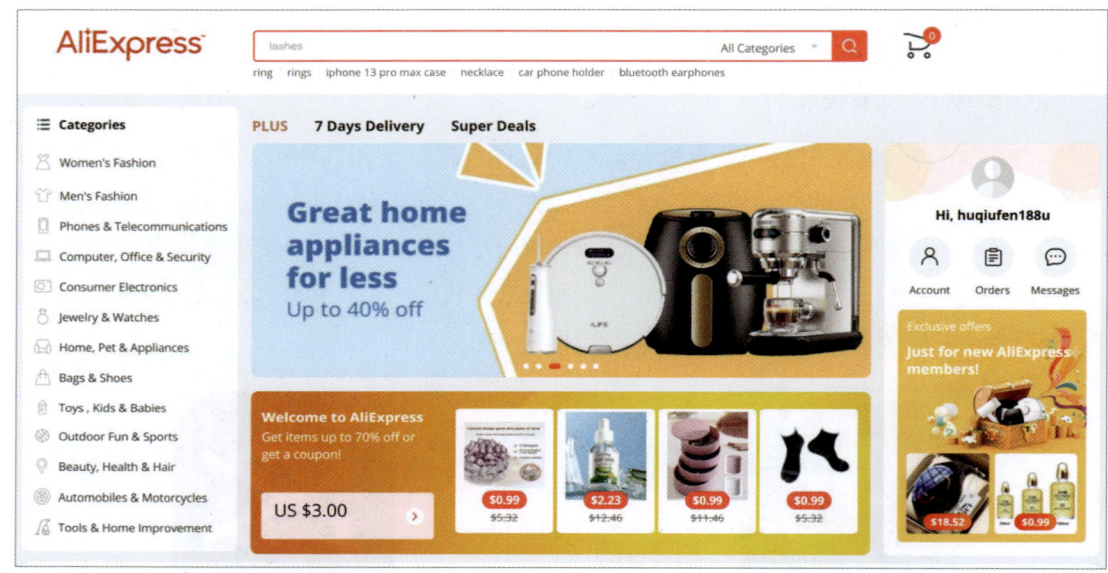

图1-10　速卖通首页

2. Amazon

Amazon（亚马逊）是美国最大的电子商务公司，位于华盛顿州的西雅图。亚马逊是最早开始经营电子商务的公司之一，一开始只经营书籍的网络销售业务，现在的业务范围已经相当广泛，已成为全球商品品种最多的网上零售商和全球互联网企业，其首页如图1-11所示。

3. eBay

eBay（易贝）是一个可以让全球民众在网上买卖物品的线上拍卖及购物网站。eBay于1995年9月4日由Pierre Omidyar以Auctionweb的名称创立于美国加利福尼亚州圣荷塞，其首页如图1-12所示。

图1-11　Amazon 首页

图1-12　eBay 首页

4．Wish

Wish 由来自谷歌和雅虎的工程师 Peter Szulczewski 和 Danny Zhang 于 2011 年在美国创立。2013 年，Wish 成功转型跨境电商，是一家专注于移动购物的跨境 B2C 电商平台，目前已成为北美和欧洲最大的移动电商平台和全球第六大电商平台。平台会根据用户喜好，通过精确的算法推荐技术，将商品信息推送给感兴趣的用户，主张以亲民的价格为用户提供优质的商品。其首页如图 1-13 所示。

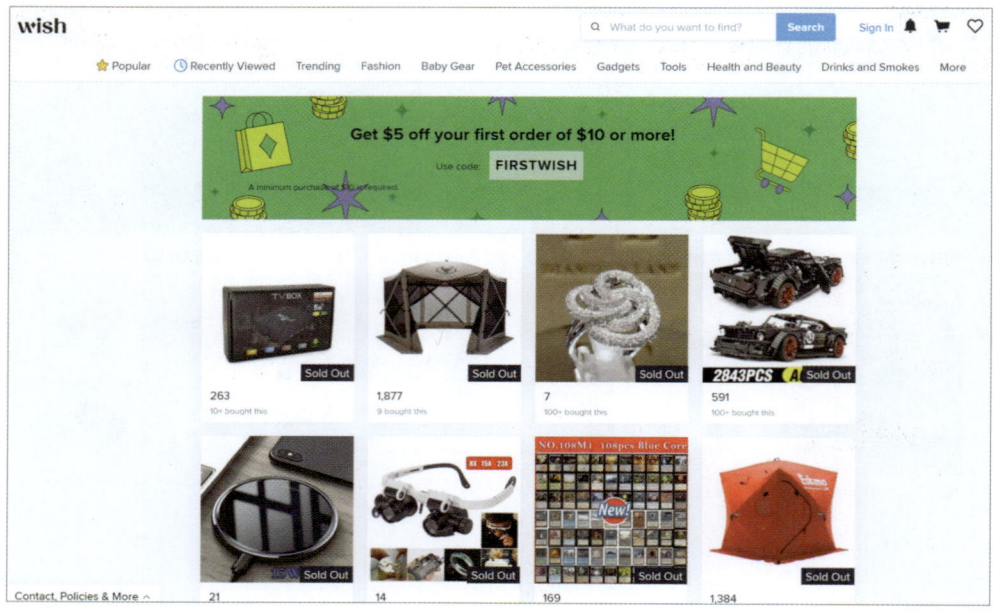

图1-13　Wish 首页

5. Lazada

Lazada（来赞达）是东南亚地区最大的在线购物网站之一，获得德国创业孵化器 Rocket Internet 桑威尔兄弟（Samwer Brothers）的支持，主要目标是印尼、马来西亚、菲律宾及泰国用户。2016年成为阿里巴巴集团东南亚旗舰电商平台，其首页如图1-14所示。

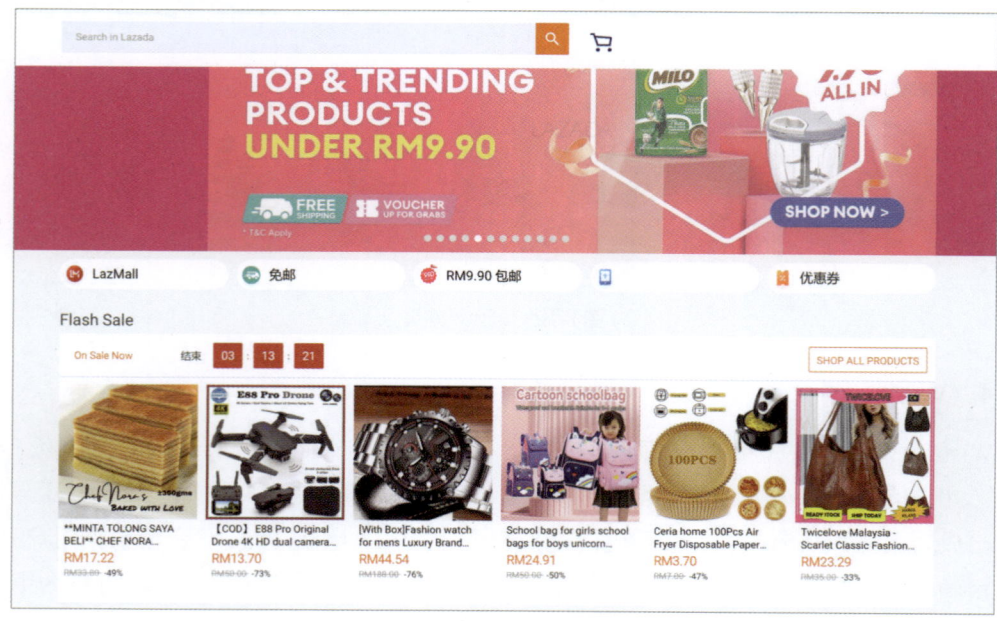

图1-14　Lazada 首页

6．Shopee

　　Shopee 是东南亚及中国台湾地区的电商平台。自 2015 年在新加坡成立以来，Shopee 业务范围辐射新加坡、马来西亚、菲律宾、泰国、越南、巴西等，是东南亚发展最快的电商平台，其首页如图 1-15 所示。

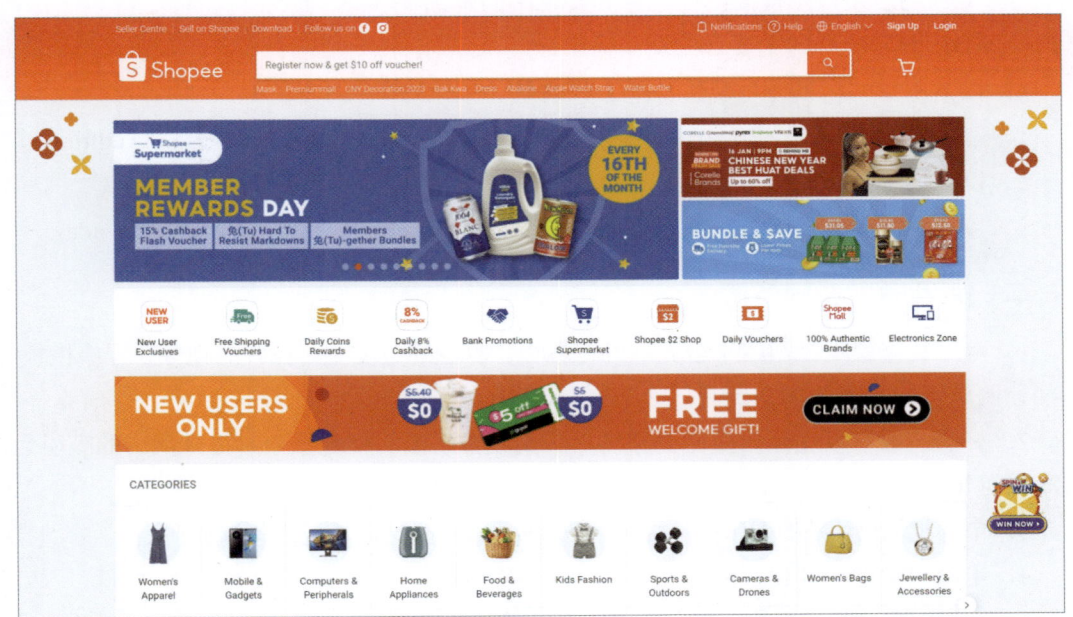

图1-15　Shopee 首页

本章关键词

　　网店装修；重要性；电商视觉设计师；就业前景；常用工具；跨境电商平台。

本章习题

一、多选题

1．以下属于电商视觉设计师工作内容的是（　　）。
　　A．网店整体形象设计　　　　　　　B．商品修图
　　C．首页设计　　　　　　　　　　　D．详情页设计

2．以下属于网店首页设计常见模块的是（　　）。
　　A．店招　　　　B．主图　　　　C．首焦图　　　　D．商品推荐模块

3．以下属于网店装修重要性的是（　　）。
    A．网店装修代表着网店形象，有助于树立企业品牌形象
    B．网店装修是网店进行商品展示的主要方法，是提升商品质感和买家印象的重要手段
    C．网店装修是提高网店流量和转化率的基础
    D．网店装修的主要目的是美化店铺
4．以下属于网店设计与装修常用工具的是（　　）。
    A．Photoshop　　　B．剪映　　　C．Dreamweaver　　　D．Audition
5．以下属于常见跨境电商平台的是（　　）。
    A．速卖通　　　B．Amazon　　　C．eBay　　　D．Lazada

二、判断题

1．网店装修就是在网店平台允许的范围内，尽量通过文字、图片、视频、程序模板等途径让网店看起来更加丰富美观。（　　）
2．好的装修可以让网店变得更漂亮，给买家带来美的视觉体验，提升网店的吸引力，提高浏览量，促使买家下单，提高转化率。（　　）
3．电商视觉设计师的工作相对独立，仅需负责视觉设计，与运营等关系不大。（　　）
4．电商视觉设计师属于复合型人才，市场需求旺盛。（　　）
5．Lazada 和 Wish 都是东南亚地区的在线购物网站。（　　）

三、实践题

请调查并提供至少 3 个跨境电商视觉设计师工作岗位需求，谈谈自己的课程学习目标和计划。

本章进一步阅读资料

1．商务部 中央网信办 发展改革委关于印发《"十四五"电子商务发展规划》的通知。
2．国务院关于印发"十四五"数字经济发展规划的通知。

第 2 章
网店视觉营销

第 2 章　网店视觉营销

学习目标

知识目标

1. 知道视觉营销的概念。
2. 理解视觉营销的相关理论。
3. 理解商品、视觉和营销的关系。
4. 理解视觉营销的作用。
5. 知道视觉营销的流程。
6. 理解视觉营销的原则。
7. 理解视觉营销的数据指标。

能力目标

1. 提升艺术审美能力。
2. 提升搜集和处理信息的能力。

素养目标

1. 具备良好的艺术审美能力。
2. 具备认真踏实、精益求精的工匠精神。

知识思维导图

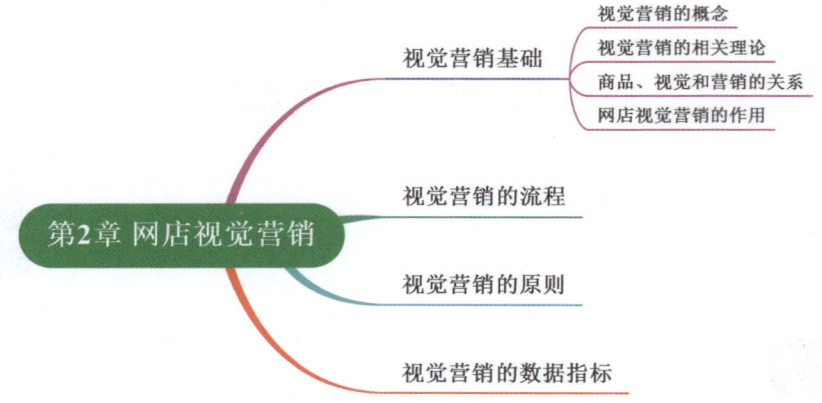

2.1 视觉营销基础

2.1.1 视觉营销的概念

视觉营销（Visual Merchandising，VMD）是一种市场营销手段，最早应用于服饰行业终端卖场，通过服饰的陈列和形象化展示，对消费者的视觉造成强劲攻势，实现与消费者的沟通，以此向消费者传达商品信息、服务理念和品牌文化，从而达到促进商品销售、树立品牌形象的目的。在网络环境下，视觉营销是指以营销策略为核心，以消费者为目标群体，以商品为主体，利用视频、图像、色彩、文字、版式等造成的视觉冲击力吸引潜在消费者，达到商品营销或品牌推广的目的。

视觉营销也可以直接理解为通过视觉设计来辅助营销，让营销活动可以更加顺利地进行。网店视觉营销则是利用视觉设计来辅助网店营销。视觉营销能带来巨大的品牌和商业价值，是当之无愧的销售艺术。

2.1.2 视觉营销的相关理论

1. AIDA 模式

国际推销专家海英兹·姆·戈德曼提出 AIDA 模式，也被称为"爱达"公式，是营销学中的一个重要公式。它是指一个成功的推销员必须把顾客的注意力吸引或转变到产品上，使顾客对推销员所推销的产品产生兴趣，这样顾客的购买欲望也就随之产生，进而促使购买行为的产生，达成交易。AIDA 是四个英文单词的首字母：A 为 Attention，即吸引注意；I 为 Interest，即引发兴趣；D 为 Desire，即激发欲望；最后一个字母 A 为 Action，即促使行动，如图 2-1 所示。

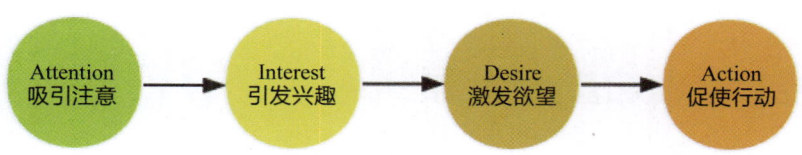

图2-1　AIDA 模型

2．7 秒定律

美国流行色彩研究中心的一项调查表明，人们在挑选商品的时候存在一个"7 秒定律"：面对琳琅满目的商品，人们只需 7 秒就可以确定对这些商品是否感兴趣。在这短暂而关键的 7 秒内，色彩的作用占到 67%，成为决定人们对商品好恶的重要因素。美国营销界也总结出"7 秒定律"，即消费者会在 7 秒内决定是否有购买商品的意愿。商品留给消费者的第一眼印象可能引发消费者对商品的兴趣，希望在功能、质量等其他方面对商品有进一步的了解。如果企业对商品的视觉设计敷衍了事，失去的不仅仅是一份关注，更将失去一个商机。

3．FABE 销售法则

FABE 销售法则，也被称为"特优利证法则"，它通过四个维度，具体、高效地分析出消费者关心的问题，从而顺利实现商品销售，如图 2-2 所示。

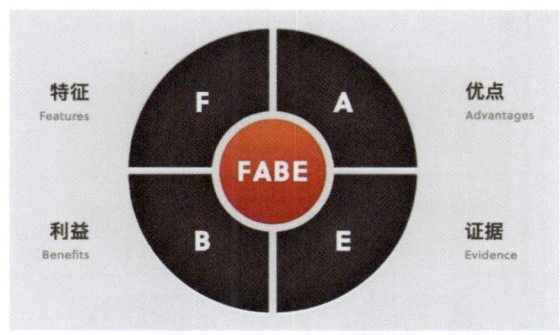

图2-2　FABE 销售法则

（1）特征（Features）：商品的最基本特征，包括功能、属性、参数等。

（2）优点（Advantages）：商品的独特之处，如更管用、更高档、更保险等。

（3）利益（Benefits）：商品能给消费者带来什么好处，如美观、舒适、省电等。

（4）证据（Evidence）：为商品提供证据，包括技术报告、买家好评、企业实力等。

简单地说，FABE 销售法则就是在找出消费者最感兴趣的各种特征后，分析特征所产生的优点，找出这些优点能够给消费者带来的利益，最后提供证据，通过这四个维度解答消费者诉求，证实商品能够给消费者带来利益，巧妙地处理消费者关心的问题，从而顺利实现商品的销售诉求。

2.1.3　商品、视觉和营销的关系

视觉营销的核心在于商品，视觉是手段，营销才是真正的目的，商品、视觉和营销的关系如图 2-3 所示。

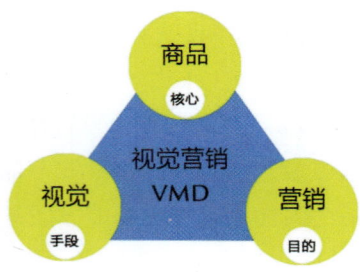

图2-3　商品、视觉和营销的关系

2.1.4　网店视觉营销的作用

视觉营销在网店中的作用主要表现为以下四个方面，如图 2-4 所示。

图2-4　网店视觉营销的作用

1. 吸引买家眼球，提升网店客流量

随着互联网和电子商务的快速发展，电子商务平台越来越多，与此同时，网店数量也在快速增长，商品同质化现象越来越严重。要想使自己的网店脱颖而出，视觉设计就变得越来越重要了。具有设计感和美感的图片是吸引买家进店浏览的不二法门，一张好的图片、一条吸引眼球的广告语总能引起消费者的兴趣。

在网店中，能够带来点击量的图片主要有商品主图、商品海报、关联图片等。来看两组速卖通图片，如图2-5和图2-6所示，对比之下，你觉得哪一张更能吸引买家点击，带来更多点击量呢？

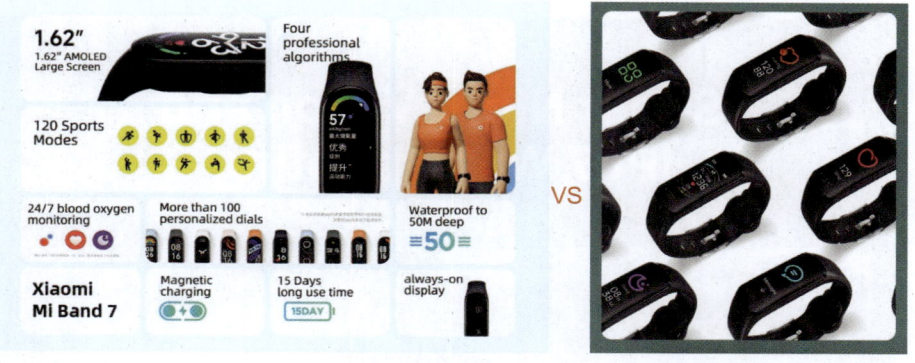

图2-5　商品主图对比

图2-6　商品海报对比

2. 唤起买家兴趣，让买家停留更久

在成功地引导买家进入网店或商品详情页之后，卖家需要进一步考虑如何聚焦买家的关注点，抓住核心诉求，激发其购买欲望，让其在网店停留更久。所有视觉设计的最终目的都是促成交易，因此，能够唤起买家兴趣的店招、商品海报或商品详情页的首屏图片就显得格外重要。买家在网店或商品详情页停留得越久，成交的概率也会越大。

如图 2-7 所示，图中使用的广告语是"Super Night Vision and IP67 Waterpoofing"，表达的卖点是"超级夜视和防水视线"，精致的配图图像化了核心卖点，可以使买家更加直观地了解商品的具体性能。

图2-7　打造卖点图

3. 刺激买家想象，提高转化率

科技的发展带来商品的创新，很多商品我们已经无法仅靠单一的商品展示激起买家的购买欲望，在对买家进行视觉冲击的同时，帮助其构建起真实的商品应用场景，让买家身临其境地获取商品应用感知是促成交易的有效策略。

图 2-8 呈现的是华为荣耀 xSport AM61 蓝牙耳机应用场景。这款耳机可以通过蓝牙与手机连接，不仅具备一般的听歌和接打电话功能，更重要的卖点是它可以方便地应用于运动、健身等场景。这款商品的适用人群是热爱健身的时尚群体，因此卖家进行了精心设计。同时，卖家还专门对目标买家的性别进行了区分，看到这组商品主图的买家都会有身临其

境之感，从而激起买家的购买欲望，促成交易。

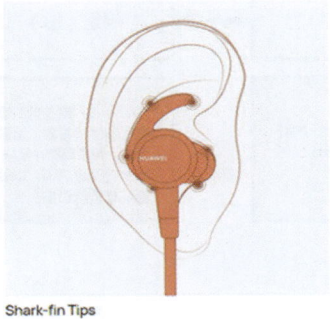

图2-8 华为荣耀 xSport AM61蓝牙耳机应用场景

4．塑造店铺形象，提升品牌认知度

视觉营销还有一个非常重要的作用就是塑造网店形象，提升品牌认知度。任何一个网店卖家，都希望自己的网店名称或自己的品牌能被买家记住，并且能深入买家的脑海。因此，在网店视觉营销中，做到色彩搭配、主色突出、风格统一尤为重要，如图 2-9 所示。

图2-9　品牌形象展示

2.2　视觉营销的流程

视觉营销是一项经验性和操作性都很强的工作，不论是网店设计、商品推荐设计、广告促销图设计、主图设计，还是详情页设计等，都需要一系列环节和一定的程序才能完成。一个完整的网店视觉营销流程包含以下四个步骤：调研（查）、规划（想）、设计（做）和投放（推），如图2-10所示。

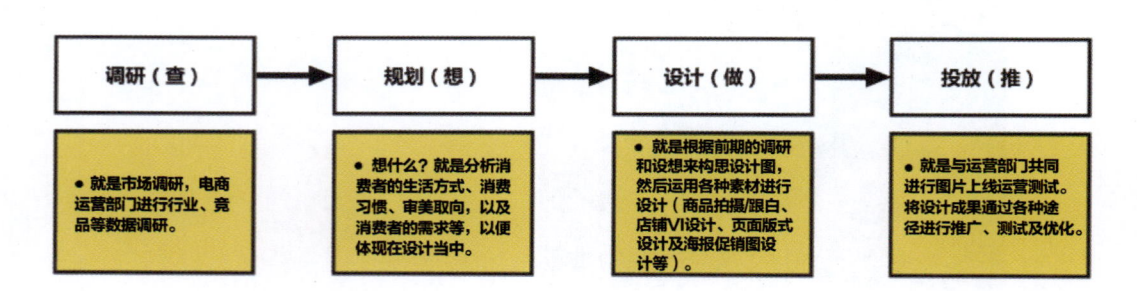

调研（查）	规划（想）	设计（做）	投放（推）
● 就是市场调研，电商运营部门进行行业、竞品等数据调研。	● 想什么？就是分析消费者的生活方式、消费习惯、审美取向，以及消费者的需求等，以便体现在设计当中。	● 就是根据前期的调研和设想来构思设计图，然后运用各种素材进行设计（商品拍摄/跟白、店铺VI设计、页面版式设计及海报促销图设计等）。	● 就是与运营部门共同进行图片上线运营测试，将设计成果通过各种途径进行推广、测试及优化。

图2-10　网店视觉营销流程

设计是整个流程中的第三步，也是视觉营销的主要工作。在完成商品图片拍摄之后，首先，需要根据前期的工作构思设计图，即进行版式的设计；然后，运用已收集的素材，包括图片、文字、配色等，进行综合设计。设计过程中，如果已有素材不合适，也可以使用相关软件进行制作。这一步是视觉营销策略构思的具体反映和整体设计效果的直观表现，由此可以把握和评价设计的最终效果。在具体实施过程中，可以从"商"（网店的商品）和"客"（网店的客户群体）两个方面来分析并构思设计图，如图2-11所示。

```
网店的商品  →  商品结构体系、商品价格体系等
              决定"网店结构"和"页面结构"

网店的客户群体 → 社会层次、消费能力、生活习惯等
                 决定"网店风格"和"商品陈列"
```

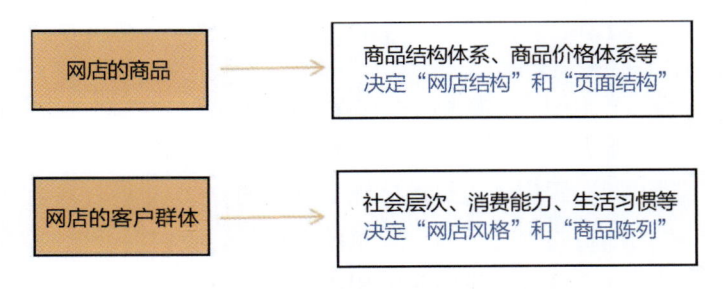

图2-11 "商"和"客"两个方面

在具体操作的时候，可以遵循图 2-12 所示的步骤，一步一步去完成。

思考 → 策划结构 → 规划页面 → 实现设计 → 维护调整

图2-12 实施步骤

网店视觉营销这四步，是一环连着一环的，进行第一步，是为了后一步，完成了前一步，紧接着要进行后一步，依次类推，切不可将其分裂隔离。

2.3 视觉营销的原则

视觉营销的作用决定了网店的策划和实施需要遵循一定的原则，应当在吸引消费者眼球的同时塑造网店形象，让消费者记住网店，这样才能够让网店的有效流量再次转变为忠实流量。网店视觉营销要遵循目的性、审美性、实用性三原则，如图 2-13 所示。

网店视觉营销的原则

- **目的性**
  (1) 做好商品主图，以抓住消费者眼球。
  (2) 合理规划页面架构，做到主次分明、重点突出，建立良好的第一印象。
  (3) 做好店招，利用好广告让消费者记忆深刻，抓住消费者的眼球，并且使其记住店铺。
  (4) 分析目标客户群体的需求，并且在商品详情页中针对商品的属性和特色，用最明确的图片表达出来，让消费者一眼就能看出来效果和产生购买的欲望。

- **审美性**
  (1) 网店装修设计要充分运用视觉引导、黄金分割、色彩搭配等平面设计理论。
  (2) 定期更换网店页面，让消费者每次来都有很好的心情，这样更容易形成一种购买的良性循环。

- **实用性**
  (1) 要注意视觉应用的统一，不要把网店装修得五花八门。
  (2) 巧妙利用文字或图片说明，让消费者轻松熟悉店铺的操作功能和商品的分类结构，方便消费者快速找到商品、下单和获得帮助等。

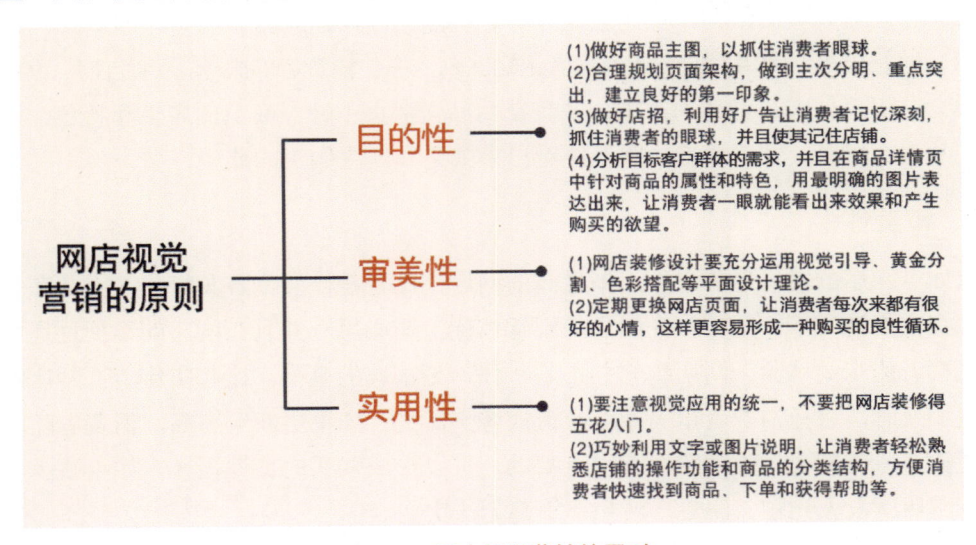

图2-13 网店视觉营销的原则

1. 目的性

目的性是网店视觉营销的第一原则。网店的视觉识别设计、视觉传达设计和营销策略的制定，最终目的都是服务于提升网店品牌形象和提高商品销量的。

网店与实体店铺不同，网店是虚拟的店铺，营销的方式非常少，视觉营销作为最主要的营销方式，视觉上的冲击是整个环节中最重要的部分。我们进行视觉营销的目的就是通过视觉的手段吸引消费者，使其产生购买欲望，从而促成交易。因此，在消费者的视觉体验上就需要下很大的工夫。

案例：某商品图片的选择和摆放如图2-14所示。

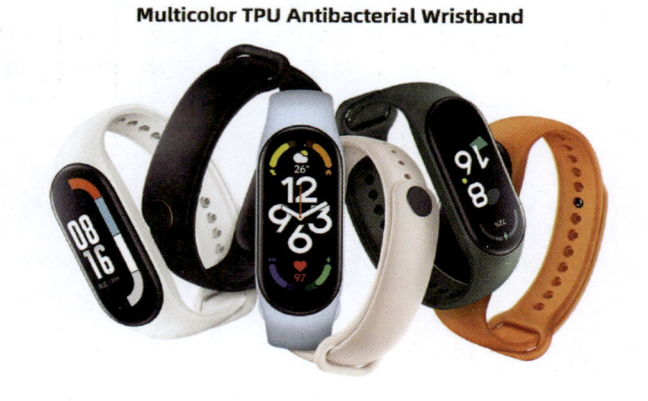

图2-14　某商品图片的选择和摆放

具体要实现目的性，须重点关注以下几点。

（1）做好商品主图，以抓住消费者眼球。

（2）合理规划页面结构，做到主次分明、重点突出，建立良好的第一印象。

（3）做好店招，利用好广告让消费者记忆深刻，抓住消费者的眼球，并且使其记住店铺。

（4）分析目标客户群体的需求，并且在商品详情页中针对商品的属性和特色，用最明确的图片表达出来，让消费者一眼就能看出来效果和产生购买的欲望。

2. 审美性

就如今网店的发展形势来看，销量高的网店比比皆是，装修各具特色，因此在竞争对手如此强大的情况下，更应该在网店的视觉体验上花心思，并且在网店的维护过程中也要保证消费者的视觉体验。网店装修并不是一件一劳永逸的事情，比起实体店，网店的更新应该更加及时，避免消费者审美疲劳，造成客户流失。如果更新频率高，消费者随时都有新的视觉体验，则会对提高购买率很有帮助，可以形成购买的良性循环。如果缺少精美的装修，网店就没人光顾，流量、转化率等都无法实现。

案例：某装修精美的网店首页如图2-15所示。

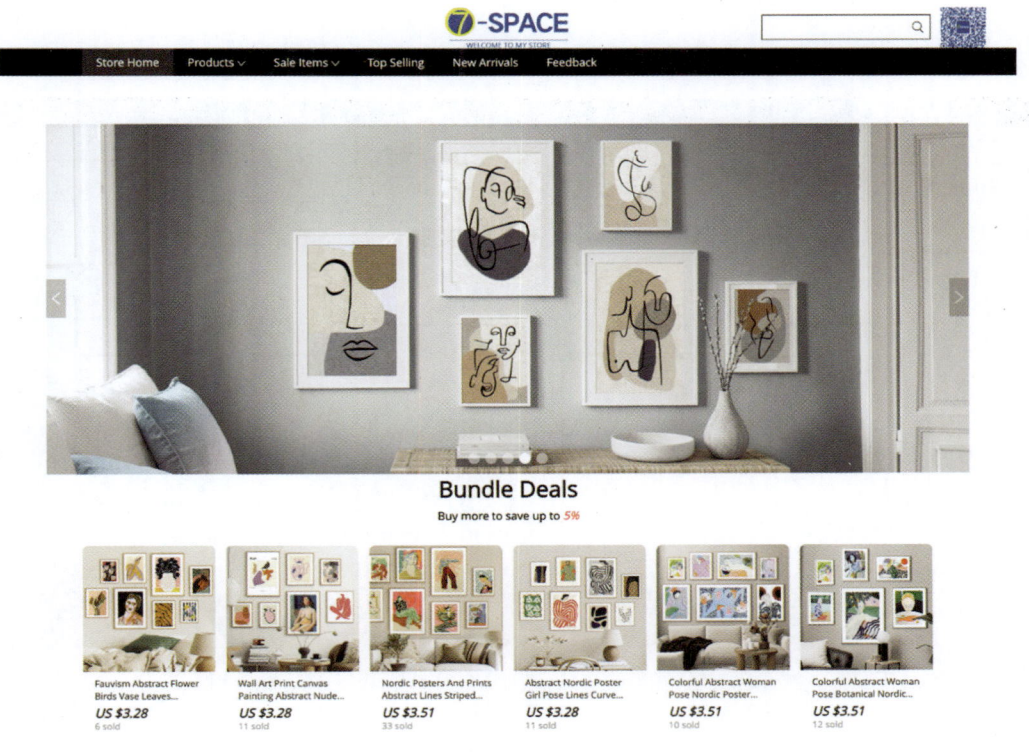

图2-15　某装修精美的网店首页

要实现审美性，须重点关注以下几点。

（1）网店装修设计要充分运用视觉引导、黄金分割、色彩搭配等平面设计理论。

（2）定期更换网店页面，让消费者每次来都有一个很好的心情，这样更容易形成一种购买的良性循环。

3．实用性

在注重美观的同时，实用性也不容忽视。如果一味执着于审美，造成板块的缺失或不便于消费者操作，那就得不偿失了。因此我们最好在保证审美性的同时兼顾实用性，以便消费者操作。

案例：速卖通某品牌首页如图 2-16 所示。

从图 2-16 中我们可以看出，该网店在精心设计了首页展示图片的基础上，注重功能排版，既把握了整体的美观，又把握了顶部导航的实用性，设计了醒目的优惠券和便捷的新品栏，便于消费者操作，消费者在选购时也会更快捷、高效，对提高购买率非常有帮助。

要实现实用性，须重点关注以下几点。

（1）要注意视觉应用的统一，不要把网店装修得五花八门。

（2）巧妙利用文字或图片说明，让消费者轻松熟悉店铺的操作功能和商品的分类结构，方便消费者快速找到商品、下单和获得帮助等。

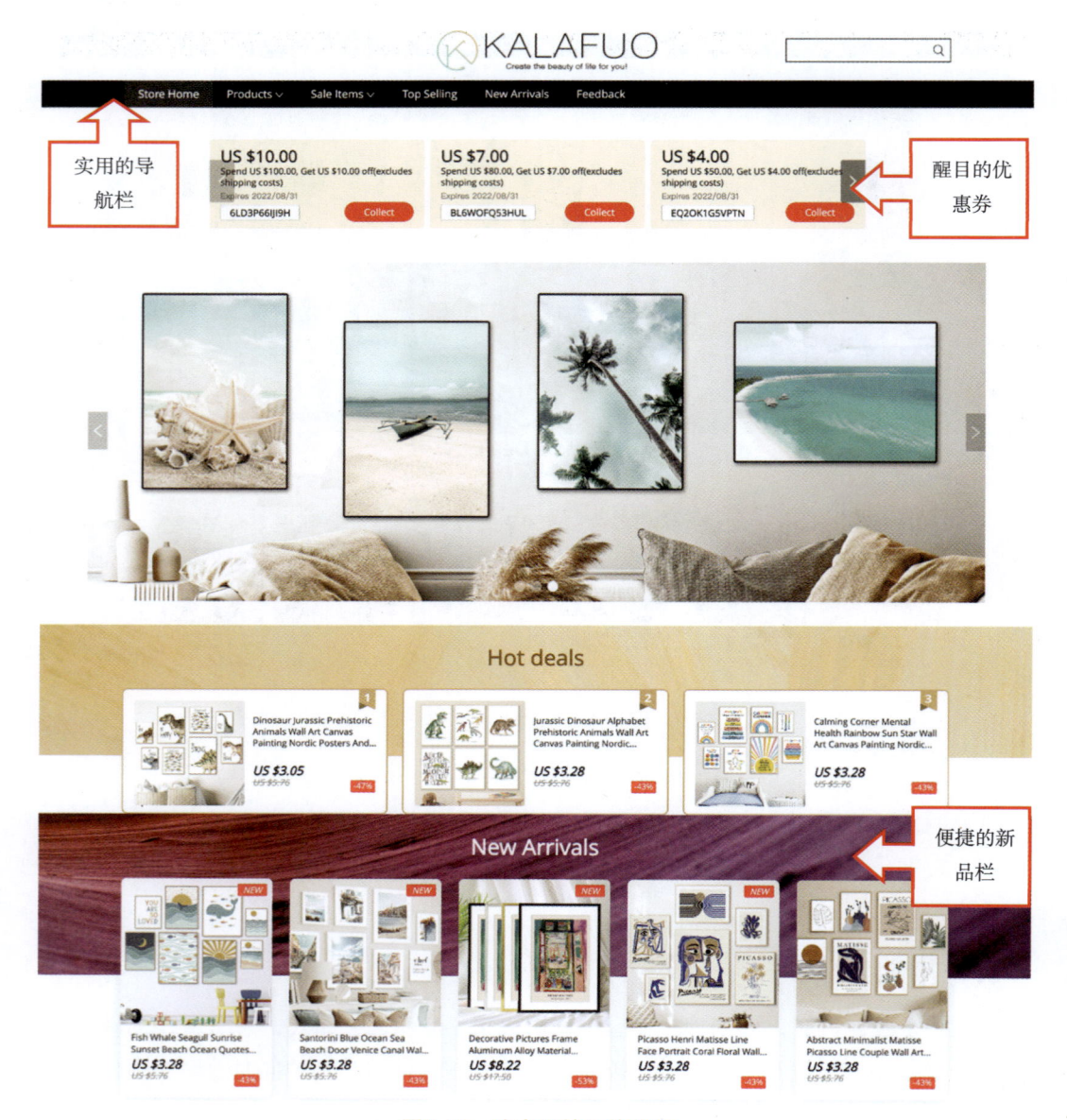

图2-16　速卖通某品牌首页

2.4　视觉营销的数据指标

网店视觉营销重要的数据指标来源于销售额公式,如图2-17所示。访客数(流量)公式如图2-18所示。

销售额 ＝ 展现量 × 点击率 × 转化率 × 客单价

图2-17　销售额公式

访客数（流量）＝ 展现量 × 点击率

图2-18　访客数（流量）公式

相关名词解释如下。

1．展现量

名词解释：在一个统计周期内，推广产品在搜索结果页面中展现的次数。

影响因素：付费推广、标题优化、参加活动都可以帮助提高展现量。同时，多产品、多店铺、多平台布局也可以帮助提高展现量。在其他维度不变的情况下，提高展现量能够提高销售额。

2．点击率

名词解释：产品展现后被点击的比率，即点击量/展现量。

影响因素：首先，图片优化有利于提高点击率，其见效非常快。其次，产品的价格段及类目等竞争环境、产品展示的位置、产品本身、引来的流量是否精准等都是影响点击率的因素。

3．转化率

名词解释：成交用户数占访客数的百分比，即成交用户数/访客数。

影响因素：首先，好的评价有助于提升转化率，差的评价可能会让产品直接腰斩。其次，视觉呈现也影响转化率，在做任何推广之前，视觉呈现要做好。SKU 设置需要满足用户需求。产品营销活动也有利于提高转化率。精准的流量非常重要，流量越精准越容易提高转化率。

4．客单价

名词解释：平均每位用户的成交金额，即成交金额/成交用户数。

影响因素：关联推荐、营销活动、客服推荐、SKU 的组合都可以让用户购买多件商品从而提高客单价。最直接简单的方法是直接涨价，不仅可以提高客单价，还可以提高利润。

5．访客数

名词解释：网店各页面的访问人数。

影响因素：访客数增加，可能是由网店通过自然搜索或对外推广带来的。

本章关键词

视觉营销；关系；作用；流程；原则；数据指标。

本章习题

一、多选题

1. 以下属于视觉营销理论的是（　　）。
   A．FABE 销售法则　　B．AIDI 模式　　C．黄金分割法　　D．7 秒定律
2. 以下属于 FABE 销售法则中"F"内容的是（　　）。
   A．舒适　　　　　　B．尺寸　　　　　C．颜色　　　　　　D．功能
3. 视觉营销在网店中的作用表现为（　　）。
   A．吸引买家眼球，提高网店客流量
   B．唤起买家兴趣，让买家停留更久
   C．刺激买家想象，提高转化率
   D．塑造网店形象，提升品牌认知度
4. 视觉营销需遵循的原则是（　　）。
   A．艺术性　　　　　B．目的性　　　　C．审美性　　　　　D．实用性
5. 决定网店销售额的相关参数有（　　）。
   A．展现量　　　　　B．点击率　　　　C．转化率　　　　　D．客单价

二、判断题

1. AIDI 模式是营销学的一个重要公式，可以简单表述为吸引注意、引发兴趣、激发欲望和促使行动。（　　）
2. 视觉营销的核心是商品，视觉是手段，营销是真正目的。（　　）
3. 视觉营销的步骤包括：调研、规划和设计。（　　）
4. 网店的访客数=展现量×点击率。（　　）
5. 网店页面要适时更新，让消费者产生不同的体验。（　　）

三、实践题

请浏览常见的知名跨境电子商务平台，提供至少 5 家销售不同类目产品的网店首页效果图。

本章进一步阅读资料

1. 谭静. 视觉营销与运营实战从入门到精通[M]. 北京：人民邮电出版社，2019.05.
2. 黄静，王锦堂，刘洪亮，等. 视觉营销与消费者行为[J]. 科学决策，2020(4)：67-89.
3. 袁晓睿. 青岛老字号企业品牌网络视觉营销研究[J]. 包装工程，2018,39(04):71-75.

第 3 章

网店视觉营销美学基础

第 3 章　网店视觉营销美学基础

学习目标

知识目标

1. 知道色彩的分类。
2. 理解色彩的属性、色彩的情感、色彩的心理。
3. 理解常用的色彩搭配方法。
4. 知道字体的类型、字体的编排规则、创意文字的常见形式。
5. 知道版式设计的概念。
6. 理解版式设计的原则。

能力目标

1. 掌握常用的配色工具。
2. 掌握常用的色彩搭配方法。
3. 提升艺术审美能力。

素养目标

1. 具备良好的艺术审美能力。
2. 具备认真踏实、精益求精的工匠精神。

知识思维导图

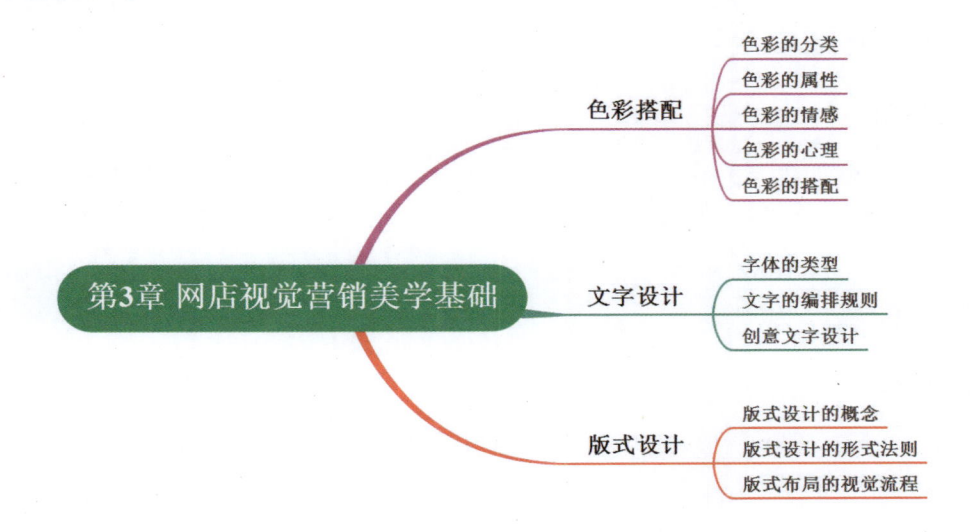

```
第3章 网店视觉营销美学基础
├── 色彩搭配
│   ├── 色彩的分类
│   ├── 色彩的属性
│   ├── 色彩的情感
│   ├── 色彩的心理
│   └── 色彩的搭配
├── 文字设计
│   ├── 字体的类型
│   ├── 文字的编排规则
│   └── 创意文字设计
└── 版式设计
    ├── 版式设计的概念
    ├── 版式设计的形式法则
    └── 版式布局的视觉流程
```

3.1 色彩搭配

3.1.1 色彩的分类

自然界中的色彩千变万化，但归纳起来只有两大类：彩色和非彩色，如图 3-1 所示。

色彩的分类

彩色
- 包括在可见光中的所有色彩，它以红、橙、黄、绿、青、蓝、紫为基本色，基本色之间不同量的混合、与黑色或白色不同量的混合所产生的颜色均为彩色。

非彩色
- 指黑色、白色及由黑白两色混合而得到的深浅不同的灰色系列。
- 非彩色只有一种基本特性——明度。色相和饱和度的理论值都等于0。

图3-1 色彩的分类

3.1.2 色彩的属性

彩色具有三个基本特性：色相、明度、饱和度，在色彩学上也被称为色彩的三大要素或色彩的三大属性。

1. 色相

色相（Hue）即色彩的相貌。色相是色彩的首要特征，是区别各种不同色彩的标准，24色相环如图3-2所示。红色（Red）、绿色（Green）、蓝色（Blue）为色光（光学）三原（基）色，青色（Cyan）、洋红色（Magenta）、黄色（Yellow）为色料（颜料）三原（基）色。

2. 明度

明度（Brightness）是指人眼所能感受到的色彩的明暗程度。在各种颜料中，白颜料是反射率极高的物质，黑颜料是反射率极低的物质，如果在其他颜料中加入白色，则可以提高混合色的明度；如果在其他颜料中加入黑色，则可以降低混合色的明度。不同明度的色彩如图3-3所示。

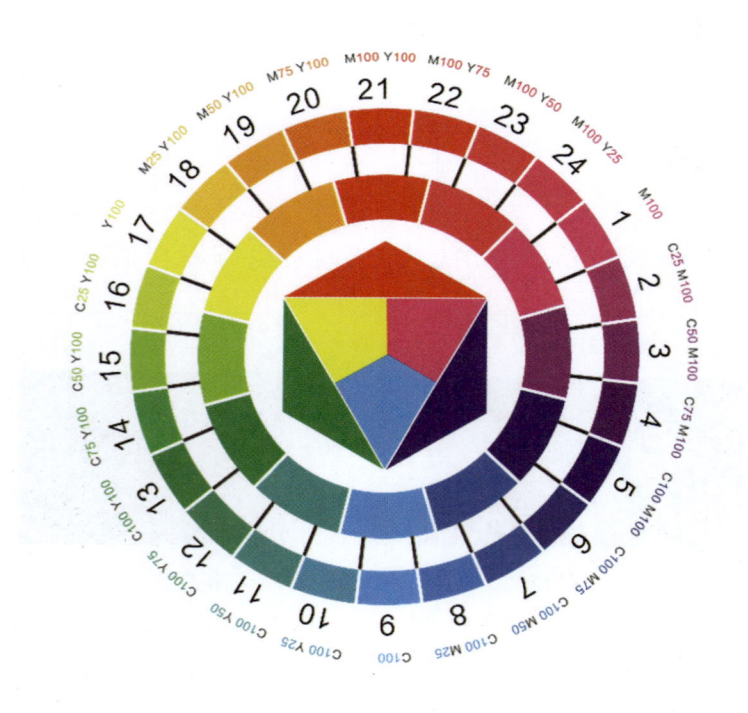

图3-2　24色相环

图3-3　不同明度的色彩

3．饱和度

饱和度（Saturation）也被称为纯度，即色彩中包含单种标准色的成分多少，饱和度越高，色彩越鲜艳，饱和度越低，色彩越暗淡。不同饱和度的色彩如图3-4所示。

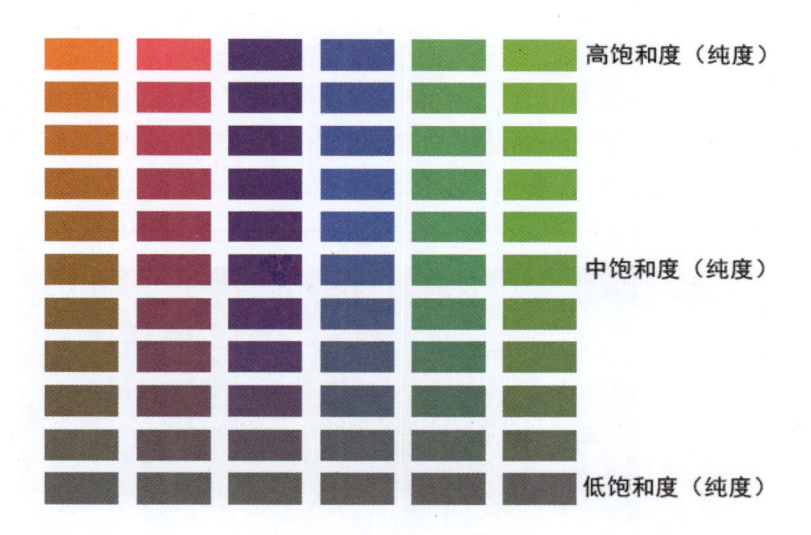

图3-4　不同饱和度的色彩

电商平台多采用 RGB 色彩模式，通过红色（Red）、绿色（Green）、蓝色（Blue）三种颜色的变化及叠加来得到其他各种颜色，是目前使用最广的色彩系统之一。我们经常会在图像中看到类似#F2BB9F、#EA9761 等的编码，这就是 RGB 颜色的一种编码，如图 3-5 所示。

图3-5 RGB 颜色的编码

在 Photoshop 中，可以使用吸管工具吸取颜色，使用渐变工具设置渐变色，使用油漆桶工具填充颜色。单击工具箱中的"前景色"或"背景色"按钮，会弹出"拾色器"对话框，在此对话框中可以对色彩三要素的参数进行设置，"拾色器（前景色）"对话框如图 3-6 所示。

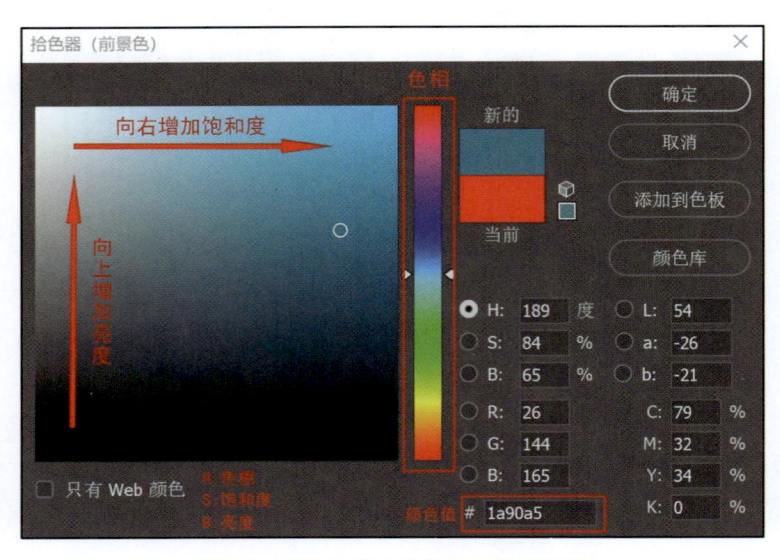

图3-6 "拾色器（前景色）"对话框

3.1.3 色彩的情感

色彩的情感是指不同色彩的光作用于人的视觉器官，通过视觉神经传入大脑后，经过思维，与以往的记忆及经验产生联想，从而形成一系列的色彩心理反应。

1. 红色

红色是品质最纯粹、个性最鲜明的色光三原色之一，与青色互为补色。红色让人联想到太阳、火焰、红旗、红花等。当红色处于高饱和状态时，代表着喜庆、热情、欢乐、斗志、奔放、自信等，是一种充满能量的颜色。红色用来传达积极、活力、热诚、温暖、前进等含义的企业形象与精神，也用于警告、危险、禁止、防火等标识。在一些场合或物品上看到红色时，人们不必仔细看内容，就能了解警告之意。

案例：指甲油首焦图以红色为主色调，传递热烈、活力、温暖的感觉，如图3-7所示。

图3-7 指甲油首焦图

2. 橙色

在色相环中，橙色是红色与黄色的中间色，可以给人温暖的感觉。橙色让人联想到橙子、晚霞、秋叶等，代表着温暖、欢乐、辉煌、健康、阳光、年轻、华丽等，是一种充满朝气的颜色。由于橙色具有注目性强的特征，因此它是警戒的指定色，如安全帽、救生衣、登山服、清洁服等。

案例：小米榨汁机详情（部分）以橙色为主色调，给人健康、温暖、华丽的感觉，如图3-8所示。

3. 黄色

黄色明亮、活跃，是色料三原色之一，与蓝色互为补色。黄色让人联想到柠檬、香蕉、交通标识灯等，代表着快乐、青春、时尚、尊贵、辉煌等，是一种充满活力的颜色。同时缺乏深度，给人冷漠、高傲、敏感、扩张、不安宁等视觉印象。在工业安全用色中，常用来警告危险或提醒注意，如大型机器、雨衣、自行车等。

图3-8 小米榨汁机详情（部分）

案例：智米产品关联营销图以黄色为主色调，给人以明亮、青春、时尚的感觉，如图3-9所示。

图3-9 智米产品关联营销图

4. 绿色

绿色是人们最能适应的色彩，是色光三原色之一，与洋红色互为补色。绿色让人联想到草原、树叶、蔬菜等，代表着健康、生命、青春、宁静、自然、和平、安全、舒适等，是一种充满希望的颜色。绿色常应用于茶叶、药品、护肤品等环保健康产品的视觉设计。

案例：绿茶控油护发面膜主图以绿色为主色调，给人健康、自然、环保的感觉，如图3-10所示。

图3-10　绿茶控油护发面膜主图

5. 蓝色

蓝色是最冷的色彩，是色光三原色之一，与黄色互为补色。蓝色让人联想到大海、天空、宇宙等，代表着冷静、科技、灵性、自由、放松、未来、理智、纯净、商务等，是一种充满理性的颜色。蓝色给人以极强的现代感，常应用于电脑、手机、汽车等科技产品的视觉设计。

案例：小米手机首焦图以蓝色为主色调，让人感觉冷静、自由、放松，既符合冬日的气氛，也符合科技产品的特征，如图3-11所示。

图3-11　小米手机首焦图

6. 紫色

在色相环中，紫色是红色与蓝色的中间色。紫色让人联想到紫罗兰、薰衣草、葡萄等，代表着高贵、浪漫、优雅、性感、幸运、梦幻、时尚、创造性，是一种充满神秘的颜色。紫色一般用于与女性相关的产品或企业形象设计，其他类别的设计不常采用它作为主色调。

案例：手机壳详情（部分）以紫色为主色调，让人感觉浪漫、优雅、神秘，如图 3-12 所示。

图3-12　手机壳详情（部分）

7. 黑色

黑色是一种无色相、无饱和度的色彩，它的明度最低。在积极方面，黑色给人以力量、庄重、深沉、永恒、刚正、忠义、高贵的感觉；在消极方面，黑色给人以阴森、忧伤、沉睡、死亡、黑暗、恐惧的感觉。在网店设计用色中，黑色多用于与男性有关的产品或企业形象的视觉设计。

案例：口袋灯首焦图以黑色为主色调，凸显产品和文字，如图 3-13 所示。

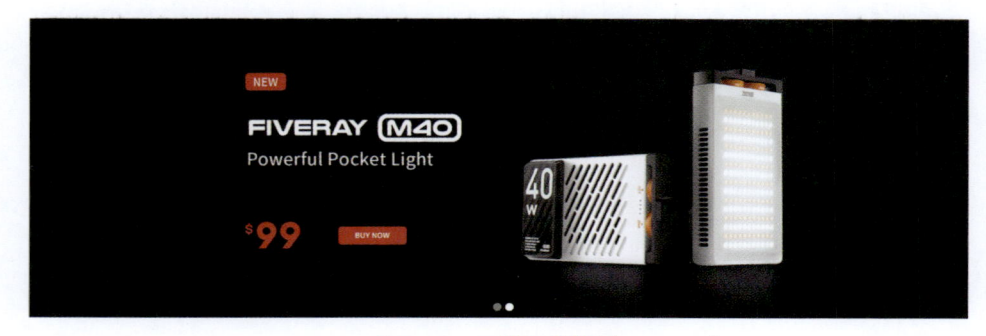

图3-13　口袋灯首焦图

8. 灰色

灰色介于黑色与白色之间，是一种中性色。给人以谦逊、沉稳、含蓄、安全、可信、平凡等感觉。它能起到调和各种色相的作用，是设计中非常重要的配色元素。

案例：KingDian（金典）固态硬盘海报以灰色为主色调，与产品和文字搭配，起到了很好的烘托作用，如图3-14所示。

图3-14　KingDian（金典）固态硬盘海报

9. 白色

白色是光谱中所有色光相加的结果，是万色之源的色彩。白色具有一尘不染的品貌特征，代表着纯洁、神圣、光明、洁净、洁白等。白色与任何彩色系的颜色混合都易于协调，应用较为广泛。

案例：飞宇稳定器推荐图以白色为主色调，背景、文字、图片产生了和谐的搭配效果，如图3-15所示。

图3-15　飞宇稳定器推荐图

3.1.4 色彩的心理

不同的色彩会使人产生不同的感受，影响人的心理。包括色彩的冷暖、轻重、空间感等。

1. 色彩的冷暖

色彩的冷暖是指色彩的冷暖属性，是颜色的情感体现。色彩给人的感觉引起心理上的联想，感到冷或暖，这往往源于人的生活经验，影响人的心理甚至生理活动。

色彩的冷暖是相对的，在色相环上，把红、橙、黄划分为暖色，绿、青、蓝划分为冷色，如图3-16所示。暖色生动活泼、积极有力，冷色平静镇定、舒缓淡薄。

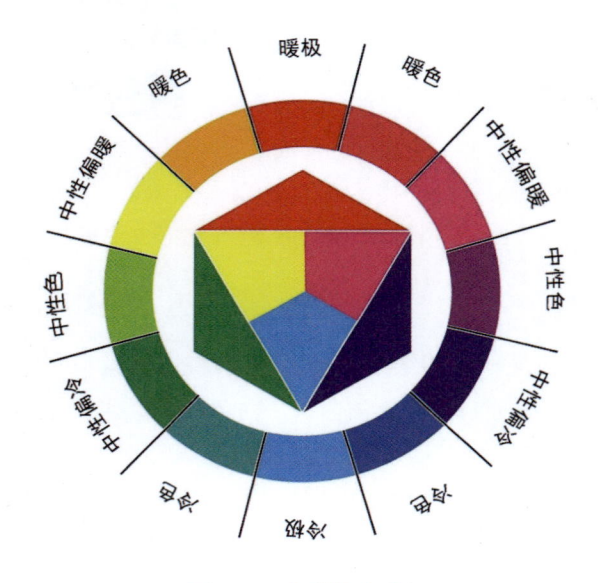

图3-16　色彩的冷暖

2. 色彩的轻重

色彩的轻重是指由于不同色彩的刺激而使人感觉事物或轻或重的一种心理感受。色彩的色相、明度、饱和度都会影响色彩的轻重，而明度是主要因素。就色相而言，冷色轻，暖色重，如图3-17所示。就明度而言，高明度的色彩轻盈，低明度的色彩沉重，白色为最轻，黑色为最重，如图3-18所示。对于相同明度的色彩，饱和度低的色彩让人感觉重，饱和度高的色彩让人感觉轻，如图3-19所示。

3. 色彩的空间感

高明度、高饱和度的暖色具有前进和扩张的感觉，低明度、低饱和度的冷色具有后退和收缩的感觉，如图3-20所示。

图3-17 不同色相色彩的轻重

图3-18 不同明度色彩的轻重

图3-19 不同饱和度色彩的轻重

图3-20 不同色彩的空间感

3.1.5 色彩的搭配

在设计网店页面的时候,往往不仅使用一种色彩,而是搭配使用多种色彩,这就需要有一套色彩搭配的方案。

1. 常用的色彩搭配方法

1）同类色

同类色是指色相性质相同，但明度、饱和度有变化的颜色。同类色差别很小，常给人单纯、统一、稳定的感受。可以通过明暗层次体现画面的立体感，使其呈现出更加分明的画面效果。可以点缀少量对比色，使画面具有亮点。

案例：同类色配色坚果商品图如图 3-21 所示。

图3-21　同类色配色坚果商品图

2）类似色

类似色是指以某一颜色为基准，在色相环中与此颜色相隔 30° 左右的颜色。类似色比同类色搭配效果更加明显、丰富，可以使画面看起来更统一、协调，呈现柔和质感。由于搭配效果相对平淡和单调，因此可以通过色彩明度和纯度的对比，达到强化色彩的目的。

案例：类似色配色手机壳商品图，如图 3-22 所示。

图3-22　类似色配色手机壳商品图

3）邻近色

邻近色是指以某一颜色为基准，在色相环中与此颜色相隔 60°左右的颜色。邻近色对比属于色相的中对比，既可以使画面保持统一，又可以使画面显得丰富、活泼。可以增加明度和纯度对比，丰富画面效果。这种色调的主次感能增强配色的吸引力。

案例：邻近色配色服装商品图如图 3-23 所示。

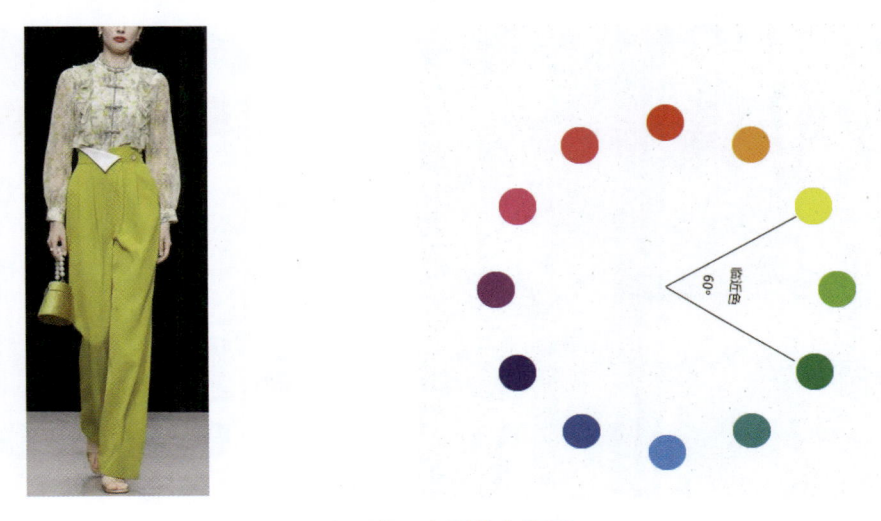

图3-23　邻近色配色服装商品图

4）中差色

中差色是指以某一颜色为基准，在色相环中与此颜色相隔 90°左右的颜色。中差色比较明快，在视觉上有很强的配色张力。这种配色更容易彰显出明快、活泼的跃动感，也适合与非彩色进行搭配。

案例：中差色配色游戏手柄商品图如图 3-24 所示。

图3-24　中差色配色游戏手柄商品图

5）对比色

对比色是指以某一颜色为基准，在色相环中与此颜色相隔120°左右的颜色。对比色相搭配属于色相的强对比，其效果鲜明、饱满，容易给人带来兴奋、激动的快感。常以高纯度的对比色配色来表现随意、跳跃、强烈的主题，具有吸引人们目光的作用。

案例：对比色配色蓝牙音箱商品图如图3-25所示。

图3-25　对比色配色蓝牙音箱商品图

6）互补色

互补色是指以某一颜色为基准，在色相环中与此颜色相隔180°左右的颜色。互补色的色相对比最强烈，画面相较于对比色更丰富、更具感官刺激性。

案例：互补色配色运动鞋商品图如图3-26所示。

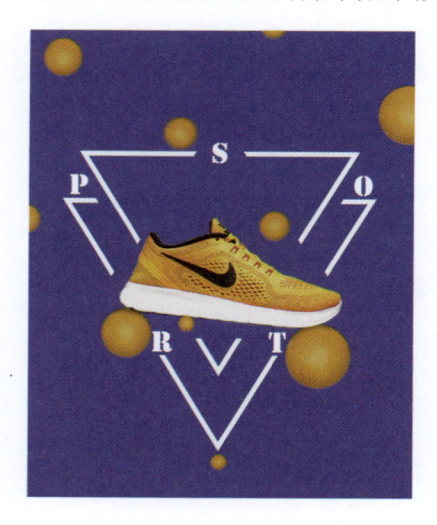

图3-26　互补色配色运动鞋商品图

2. 常用的配色工具和网站

作为网店视觉设计的初学者,大家往往为色彩搭配而苦恼。为帮助设计师提高工作效率,网络上现在有很多色彩搭配的工具和网站可供设计师使用。这里简单介绍 5 个非常实用的工具和网站。

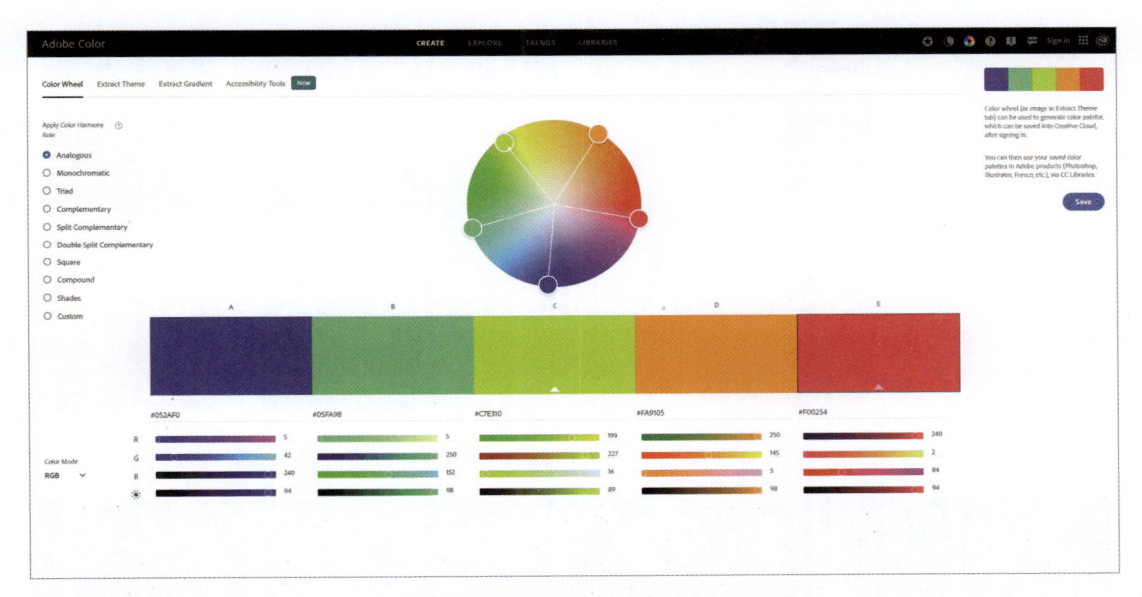

1) Adobe Kuler

Adobe Kuler 是 Adobe 官方推出的一款色彩配色插件,内置海量配色方案,可以将配色方案导入 Photoshop、Adobe Illustrator、InDesign 等软件。Adobe Kuler 界面如图 3-27 所示。

图3-27 Adobe Kuler 界面

2) Colorsinspo

Colorsinspo 是一款设计调色工具,其收集了超过上千个优秀的色彩搭配方案,单击需要的颜色复制色码即可使用。除了色彩搭配方案,Colorsinspo 还提供了 6 款颜色工具,如色轮、色板、赫斯拉颜色系统、渐变调色板等,帮助设计师找到合适的调色工具。

Colorsinspo 界面如图 3-28 所示。

3) Colormind

Colormind 是一款在线配色工具,通过 AI 自动匹配优秀的配色方案,同时可以手动选择一个主色并锁定,随机生成配色方案,还有演示案例来应用配色,能够直观地看到配色结果。同时提供根据上传图像颜色自动生成配色方案的功能。

Colormind 界面如图 3-29 所示。

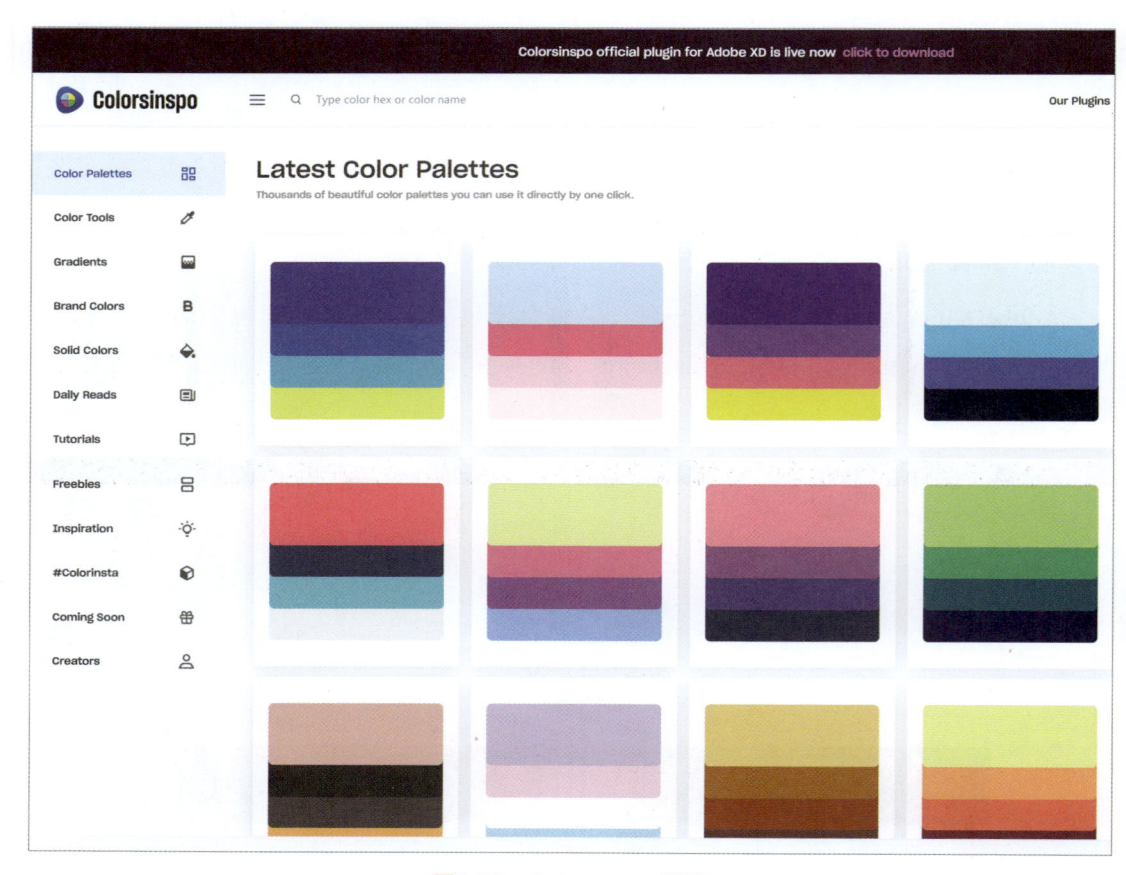

图3-28　Colorsinspo 界面

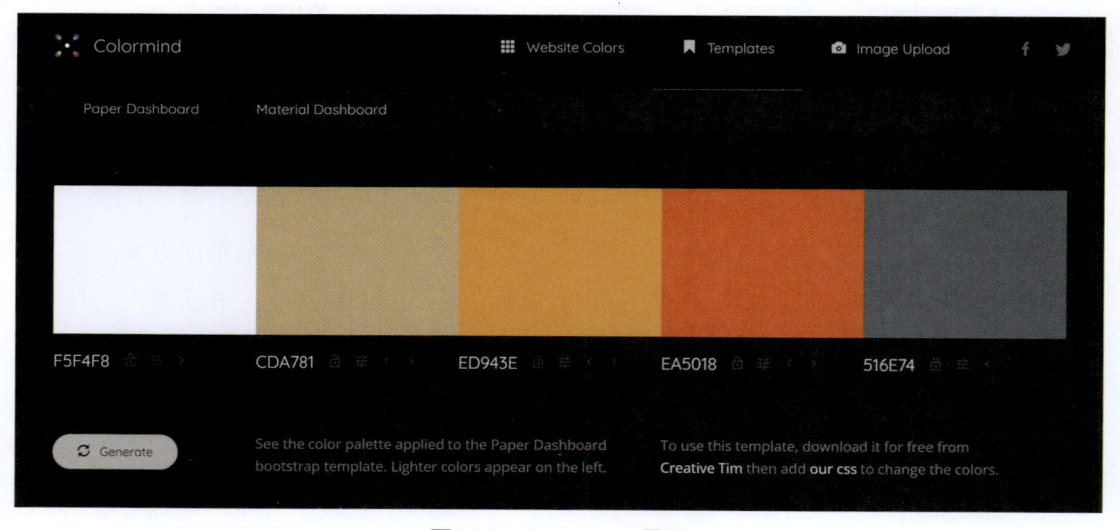

图3-29　Colormind 界面

4）中国色

中国色收藏了非常全的颜色，以色卡的形式来呈现，提供中英文互译、CMYK 和 RGB

数值，选择对应颜色后，网站背景会发生相应的改变。

中国色页面如图3-30所示。

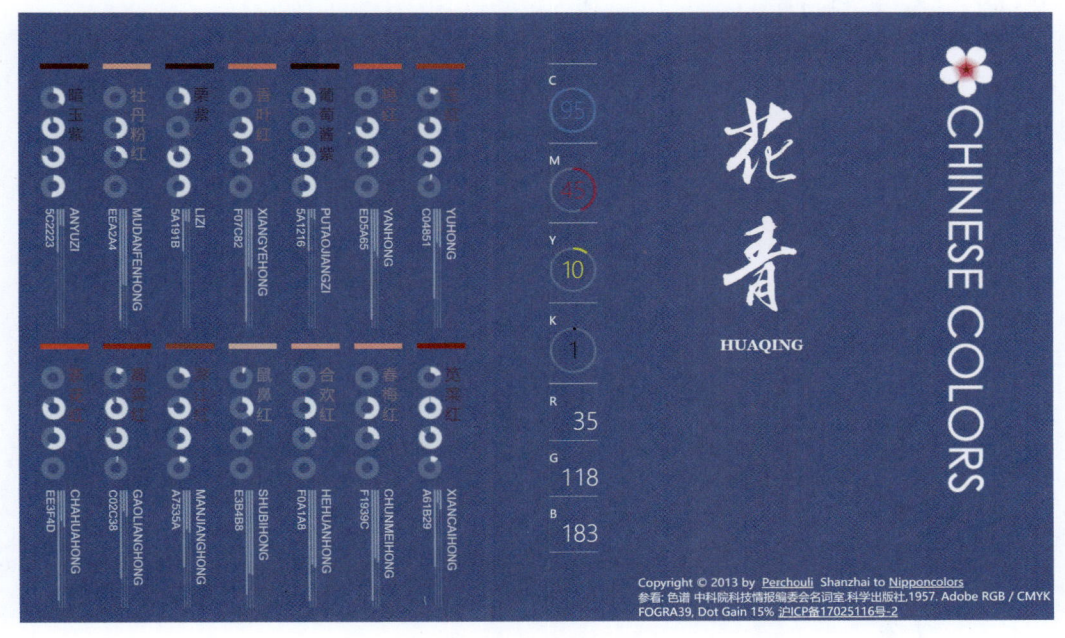

图3-30　中国色页面

5）BrandColors

BrandColors是官方品牌配色合集，提供500多个品牌的十六进制颜色代码，包括Facebook、Twitter、Instagram等。

BrandColors界面如图3-31所示。

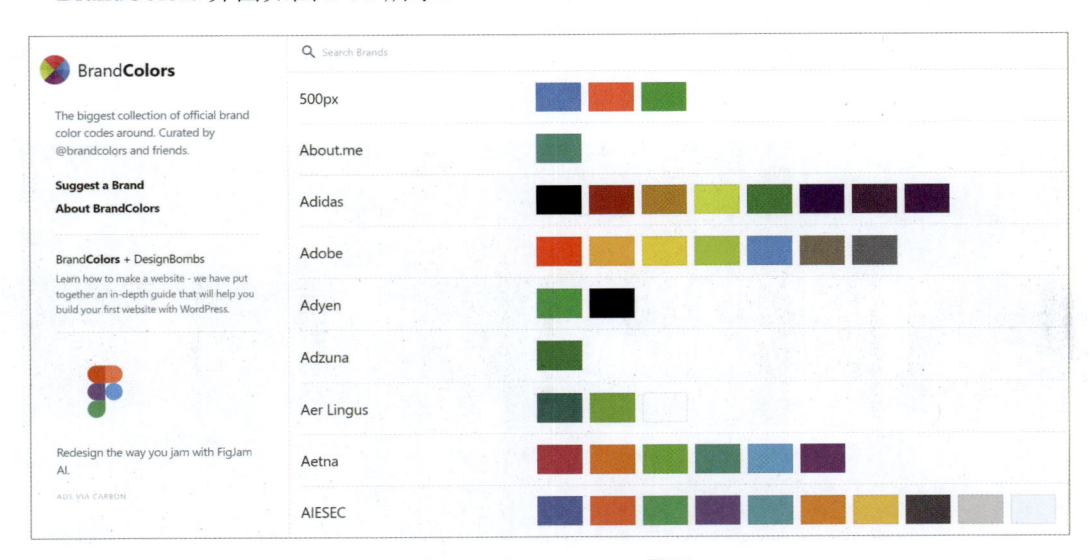

图3-31　BrandColors界面

3.2　文字设计

在网店页面设计过程中，文字的表现同样十分重要，视觉营销中的很多信息都需要依靠文字进行表达。卖家选择合适的字体，并且进行恰当的设计和搭配，可以提高文字的表现力，快速引起消费者的注意，引导其购买商品。还可以提高图片、视频或页面的整体美观性，使视觉营销发挥更大的作用。

3.2.1　字体的类型

英文字体主要可以分为衬线字体、无衬线字体和特殊字体三种类型。

1. 衬线字体

图3-32　衬线字体

衬线字体（Serif）在文字的笔画开始、结束的地方有额外的装饰，而且笔画的粗细会有所不同，如图3-32所示。在书写时，无法保证每一个笔画从开始到结尾都是一样的粗细，而且不论是字母还是汉字，笔画都会随力量和角度的不同而产生变化。比较常见的衬线字体有 Times New Roman、Baskerville、Georgia 等。

衬线字体具有柔软、纤细、优雅、高贵等气质特征，是比较有韵味的字体，适合应用于文化、艺术、生活、女性、美食、养生、化妆品等领域。

案例：女装连衣裙首焦图的衬线字体应用如图3-33所示。

图3-33　女装连衣裙首焦图的衬线字体应用

2. 无衬线字体

无衬线字体（Scans Serif）的首尾没有装饰，所有笔画的粗细相同，如图 3-34 所示。无衬线字体在 20 世纪 80 年代开始兴起，因为天然的技术感和理性气质，无衬线字体受到科技型企业的青睐。随着"简约美"理念的风行，1957 年左右发布的 Folio、Helvetica 和 Univers 三款极具代表性的无衬线字体开始成为当代字体的主流。无衬线字体结构简单，使用相同的字号，无衬线字体看上去要比衬线字体更大，结构也更清晰，所以电子设备的屏幕上也偏好使用无衬线字体。比较常见的无衬线体字体有 Arial、Impact、Gill Sans 等。

Sans Serif 无衬线字体

图3-34 无衬线字体

无衬线字体具有直接干练的气质特征，可以表现激情、动感。其比较万能且字形风格不是很明显，可塑性强。

案例：男装衬衫首焦图的无衬线字体应用如图 3-35 所示。

图3-35 男装衬衫首焦图的无衬线字体应用

3. 特殊字体

除了衬线字体和无衬线字体，英文字体里还有书写体字体、毛笔字体和设计师字体等特殊字体。

案例：健康智能手表海报的书法字体应用如图 3-36 所示。

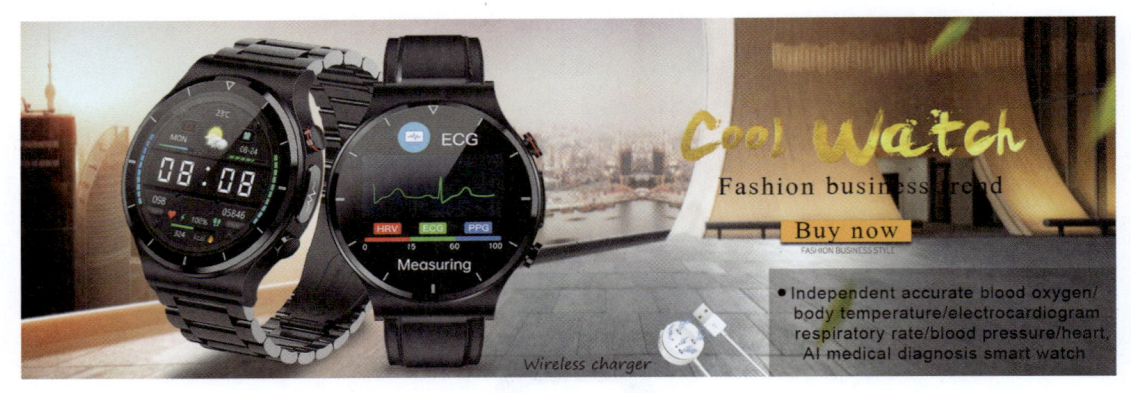

图3-36　健康智能手表海报的书法字体应用

3.2.2　文字的编排规则

1. 文字对齐

对齐是文字编排的基础操作。常用的对齐方式主要有左对齐、右对齐、居中对齐等，电商文案设计中使用左对齐和居中对齐居多。

案例：速卖通首焦图的文字左对齐如图 3-37 所示。

图3-37　速卖通首焦图的文字左对齐

案例：Bear Leader 童装海报的文字居中对齐如图 3-38 所示。

图3-38 Bear Leader童装海报的文字居中对齐

案例：大疆无人机首焦图的文字右对齐如图3-39所示。

图3-39 大疆无人机首焦图的文字右对齐

2. 文字间距

文字间距是指文字与文字、字母与字母之间的间隔。不同文字呈现的效果是不同的。一般来说，文字间距较大会营造一种轻松、透气的感觉；文字间距较小会显得集中、更有力量。

3. 文字行距

文字行距是指多行文字中行与行之间的距离。为了保证读者顺利阅读，保持适当的行距是文字编排的重点。文字行距在一般情况下大于文字间距，这样更易于阅读。

4. 文字层级

文字的大小关系即文字的层级关系，文字大小相近的为一个层级。很多网店页面中的文字往往根据地位不同设置为不同层级，如海报中的文字通常分为三个层级，第一层级是大标题，第二层级是小标题或说明性文字，第三层级是正文。第一层级为首要文字，需要有足够的吸引力，能吸引消费者的注意力。第二层级为次要文字，能让消费者清晰可见。第三层级的正文文字要求清晰易读，三个文字层级的水果榨汁机海报如图3-40所示。层级与层级之间比较合适的文字倍率为1.5倍。

图3-40　三个文字层级的水果榨汁机海报

5．字体搭配

在页面排版过程中可能会使用多种字体，少量文字一般使用两种字体，大量文字一般使用不超过三种字体，不同的字体不仅能使版面排列更加丰富，而且能清晰地表现文字的层级关系。但需要注意的是，使用过多的字体会使画面混乱。

> 说明：由字体公司设计的字体大多拥有独立的知识产权，在使用时一定要注意是否获得了字体公司的授权。未经授权而私自商用会被追责，需要承担相应的法律责任。当然，计算机自带字体属于免费字体，不涉及侵权的问题。

3.2.3　创意文字设计

与国内电商平台中文字体的多样化创意设计相比，跨境电商平台的创意文字设计比较简单，文字描边效果、投影效果、蒙版效果的设计如图3-41、图3-42和图3-43所示。

图3-41　文字描边效果的设计

图3-42　文字投影效果的设计

图3-43　文字蒙版效果的设计

3.3　版式设计

3.3.1　版式设计的概念

版式设计又被称为版面设计，是指在有限的版面空间内，根据主题内容要求，运用所掌握的美学知识，进行版面的分割，将文字、图像等进行排列组合，设计出美观实用的版面。

3.3.2　版式设计的形式法则

1．对称与均衡

对称是以中轴线或中心点为基准，在大小、形状和排列上建立一一对应关系。对称就像天平，两边是等形、同量的。均衡是对称形式的发展，隐含着对称法则，一般有等形不等量、等量不等形和不等量不等形三种形式。对称是一种严肃、庄重、有条理的静态美，均衡打破静止，追求动感美。在实际应用中，往往同时使用对称与均衡，有的版式总体使用对称形式，局部使用均衡法则；有的版式总体使用均衡法则，局部使用对称形式，增强画面的活泼感和美感。

案例：旅行背包详情（部分）如图3-44所示。

图3-44　旅行背包详情（部分）

2．节奏与韵律

节奏与韵律是借用音乐的概念。节奏是有规律的重复，在图案中被定义为将图形按照等距格式反复排列，进行空间位置的伸展，如连续的线、断续的面等，就会产生节奏。韵律是节奏的变化形式，它将节奏的等距间隔改变为几何级数的变化间隔，使重复的音节或图形产生强弱起伏、抑扬顿挫的规律变化，从而具有优美的律动感。节奏是韵律形式的纯化，韵律是节奏形式的深化，节奏富有理性，而韵律富有感性。韵律不是简单的重复，它是有一定变化的互相交替，是情调在节奏中的融合，能在整体中产生不寻常的美感。

案例：小米POCO手机商品推荐模块如图3-45所示。

图3-45　小米 POCO 手机商品推荐模块

3．对比与调和

  对比是形象特征的强调，按照对比的角度，可以分为大小对比、粗细对比、疏密对比、方向对比、曲直对比、明暗对比、虚实对比等。通过对比，可以形成强烈的视觉效果。调和就是和谐，是指构成画面的各要素之间能够适合、安定、和谐地配合，在视觉上给人以美感。调和强调的是形象的近似性，即当两者或两者以上的要素同时存在时，相互之间必须具有共性，如色彩调和、方向调和、形象调和等。

案例：NINETYGO 90分箱包分类区如图 3-46 所示。

图3-46　NINETYGO 90分箱包分类区

4．虚实与留白

"虚"指负形，是图文周围的空白，也可以是视觉吸引力很弱的图文或色彩，"实"指图文形象主体，以"虚"衬"实"是版式设计中虚实关系的主旨。留白是版式设计中"虚"处理的一种常用手法。版式设计的视觉元素有文字、图形、线条、色块等，形象实体为"图"，"图"具有紧张、密度高的特点，给人前进的感觉。但是，要使人们感到它的存在，必须有空间将其衬托出来。空间被称为"虚"或"底"，版面上表现为留白，即没有任何图文的空白，有时也可以表现为细小文字、虚化图片、色彩较淡的版面。无论是留白还是虚实，都是为了衬托主体形象。形象与空间在版面中的关系是虚托实、白衬黑、相辅相成。

案例：Karsah 多功能电动咖啡研磨机海报如图 3-47 所示。

图3-47　Karsah 多功能电动咖啡研磨机海报

3.3.3　版式布局的视觉流程

1．单向型版式布局

单向型版式布局是通过竖向、横向和斜向的引导，将信息一一传达给顾客，使顾客更加明确地了解网店。竖向布局可以产生稳定感，条理清晰；横向布局符合人们的阅读习惯，条理性强；斜线布局可以使画面产生强烈的动感，增强了视觉吸引力。

案例：小米全球商城（Mi Global Store）首页版式布局如图3-48所示。

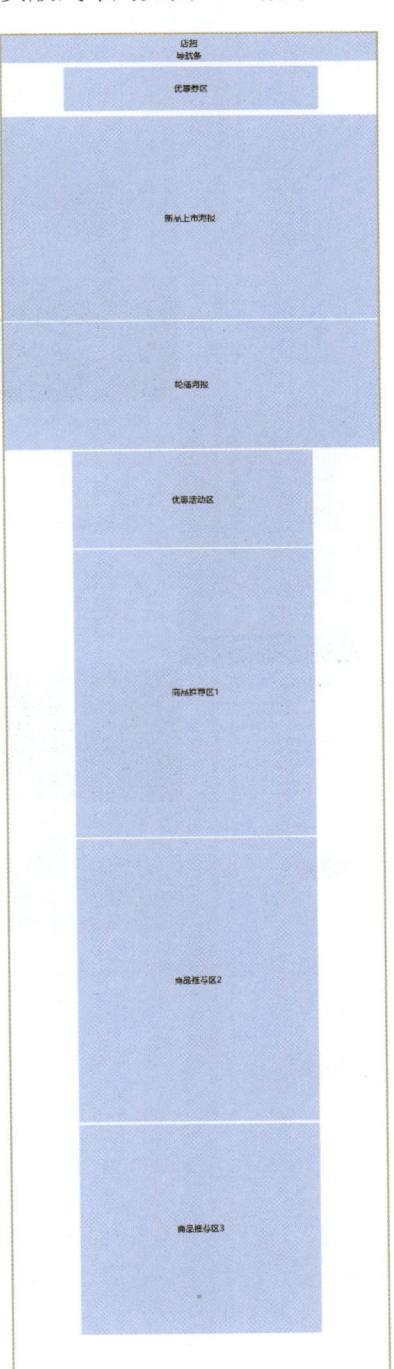

图3-48　小米全球商城（Mi Global Store）首页版式布局

2. 曲线型版式布局

S 形的曲线布局是网店装修中较常见的一种布局，将版面按照 S 形曲线进行排列，不但可以产生一定的韵律感，而且可以形成视觉牵引力，使顾客的视线随着曲线进行移动，引导顾客消费。

案例：大疆全球商城（DJI Global Store）首页版式布局（局部）如图 3-49 所示。

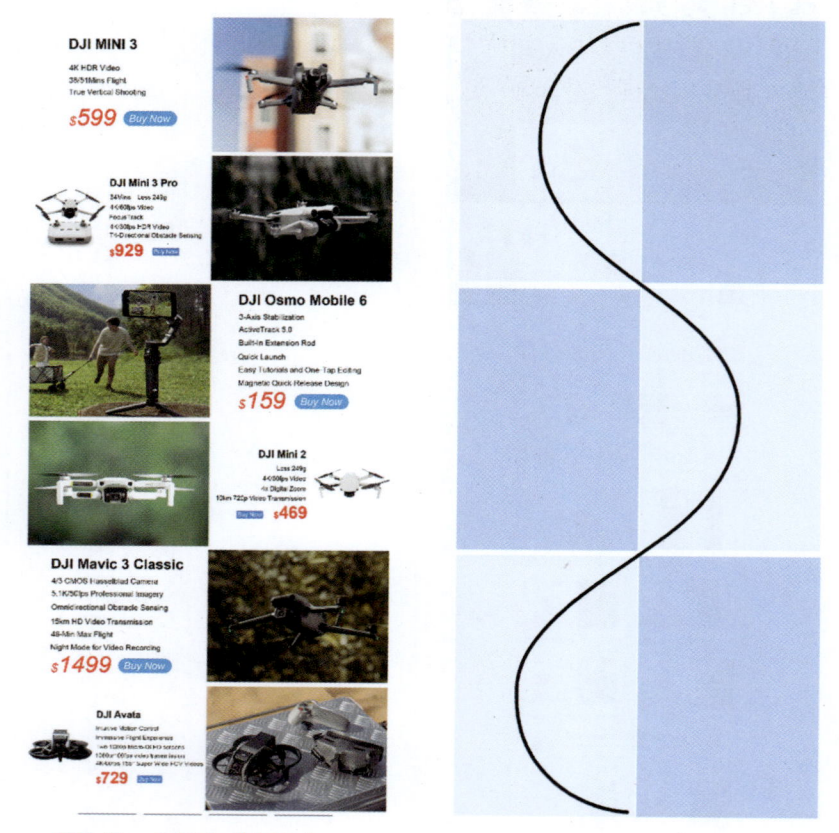

图3-49　大疆全球商城（DJI Global Store）首页版式布局（局部）

本章关键词

视觉营销；色彩搭配；文字设计；版式设计。

本章习题

一、单选题

1．科技类商品网店经常使用的主色调是（　　）。

A．红色 　　　　B．橙色 　　　　C．绿色 　　　　D．蓝色
2．以下属于暖色调的颜色是（　　）。
A．绿色 　　　　B．红色 　　　　C．青色 　　　　D．蓝色
3．以下属于冷色调的颜色是（　　）。
A．红色 　　　　B．橙色 　　　　C．青色 　　　　D．紫色
4．互为中差色的任意两种颜色相隔大约（　　）。
A．30° 　　　　　B．60° 　　　　　C．90° 　　　　　D．120°
5．以下色彩搭配对比最强烈的是（　　）。
A．同类色 　　　B．中差色 　　　C．对比色 　　　D．互补色

二、多选题

1．以下属于彩色基本特性的是（　　）。
A．色相 　　　　B．饱和度 　　　C．明度 　　　　D．透明度
2．以下属于常用色彩搭配方案的是（　　）。
A．同类色 　　　B．类似色 　　　C．互补色 　　　D．对比色
3．以下适合作为男性产品设计主色调的是（　　）。
A．红色 　　　　B．紫色 　　　　C．蓝色 　　　　D．黑色
4．以下属于常用配色工具或网站的是（　　）。
A．Adobe Kuler 　B．Colorgg 　　C．中国色 　　　D．BrandColors
5．以下属于版式设计形式法则的是（　　）。
A．对称与均衡 　　　　　　　　　B．节奏与韵律
C．对比与调和 　　　　　　　　　D．虚实与留白

三、判断题

1．所有颜色都具有色彩的三大特征。　　　　　　　　　　　　　　　（　　）
2．邻近色较中差色配色对比更显著。　　　　　　　　　　　　　　　（　　）
3．英文字体主要可分为衬线字体、无衬线字体和特殊字体三种类型。（　　）
4．网店页面中的文字往往根据地位的不同设置不同的层级，层级数量可以任意。
　　　　　　　　　　　　　　　　　　　　　　　　　　　　　　　（　　）
5．单向型版式布局是网店页面装修普遍使用的视觉流程。　　　　　　（　　）

四、实践题

1．举例说明红、橙、黄、绿、蓝、紫、黑、灰、白作为主色调的应用。
2．举例说明同类色、类似色、邻近色、中差色、对比色、互补色配色的应用。
3．举例说明衬线字体、无衬线字体、特殊字体的应用。

本章进一步阅读资料

1. 久野尚美. 日本主题配色速查手册[M]. 施梦洁, 译. 上海：上海人民美术出版社, 2016.06.

2. 王欣, 郑晶晶, 陈若楠, 等. 基于视觉感知的移动端网店页面设计效果评价[J]. 丝绸, 2022,59(07):79-88.

3. 郝秀梅, 李中扬. 网店主页视觉设计的解析与应用[J]. 包装工程, 2014,35(06):20-23+28.

第二篇

实践操作技能

第4章
商品拍摄技法

学习目标

知识目标

1. 理解商品照片的重要性。
2. 知道商品照片的基本要求、常见问题。
3. 知道常用的摄影器材、灯光器材和辅助拍摄器材。
4. 知道商品拍摄流程及相关工作内容。
5. 理解商品拍摄光位、常见的布光方式。
6. 理解商品常见的构图。

能力目标

1. 使用摄影器材、灯光器材和辅助拍摄器材。
2. 制定商品拍摄规划表。
3. 掌握商品拍摄光位和常见的布光方式。
4. 掌握商品拍摄常见的构图。
5. 根据实际需求进行商品拍摄。

素养目标

1. 养成爱惜、保护器材的良好习惯。
2. 具备良好的艺术审美能力。
3. 具备认真踏实、精益求精的工匠精神。

知识思维导图

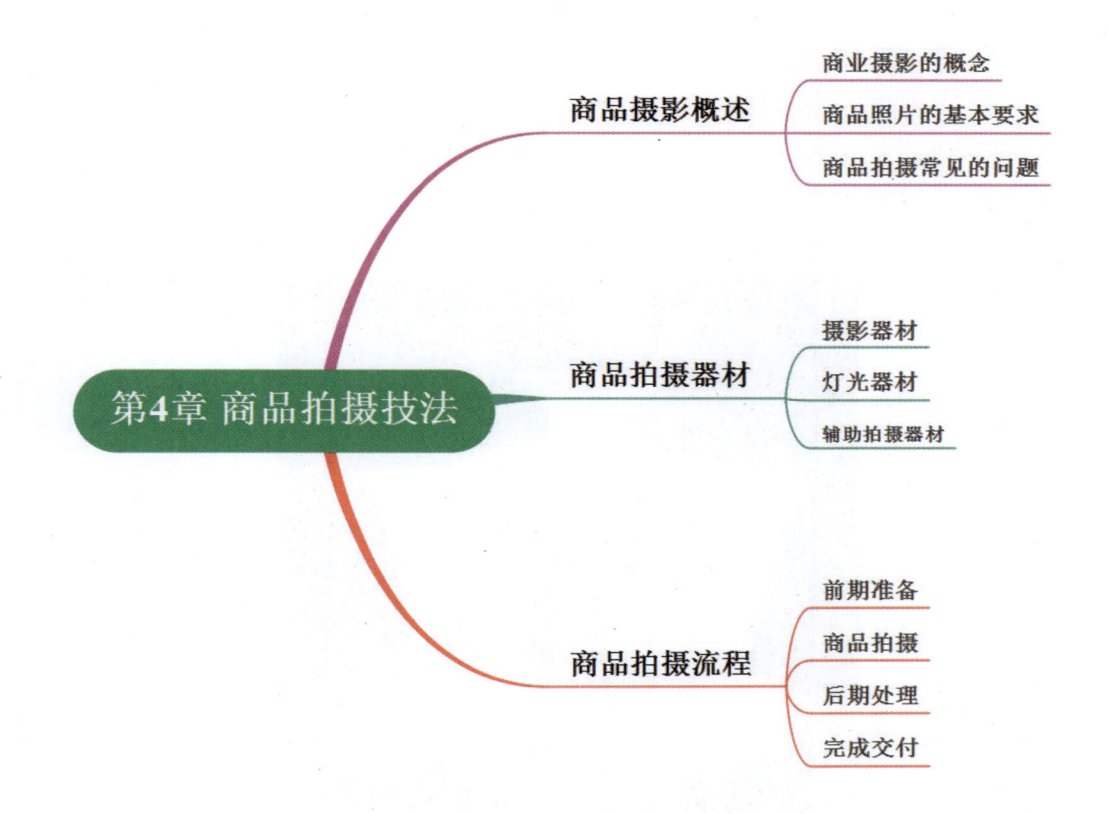

第4章 商品拍摄技法
- 商品摄影概述
  - 商业摄影的概念
  - 商品照片的基本要求
  - 商品拍摄常见的问题
- 商品拍摄器材
  - 摄影器材
  - 灯光器材
  - 辅助拍摄器材
- 商品拍摄流程
  - 前期准备
  - 商品拍摄
  - 后期处理
  - 完成交付

4.1 商品摄影概述

4.1.1 商品摄影的概念

商品摄影是商业广告摄影的一部分,主要是以商品为主要拍摄对象的一种摄影,通过反映商品的形状、结构、性能、色彩和用途等,激发消费者的购买欲望。在商品竞争十分激烈的时代,优秀的广告摄影作品是增强竞争力的重要手段。

商品摄影既不同于新闻摄影,也不同于艺术摄影,它的最终目的既不是以审美为主,也不是反映摄影者的个人情感和思想,其最终目的是以传播商品信息和广告理念,迎合消费者的喜好,达到促销的目的,具有明显的功利性。

4.1.2　商品照片的基本要求

1．主体清晰突出

消费者在线上购物时，面对数以万计的商品，浏览的速度非常快。商品照片要快速吸引消费者眼球，需要做到主体清晰突出。一张商品照片中除了主体物，往往还会有背景和道具，背景和道具可以适当进行虚化、模糊处理，但是主体物一定要清晰、干净，要带给人美的感受，充分彰显商品质感。

案例：景德镇羊脂玉陶瓷盖碗如图 4-1 所示。

图4-1　景德镇羊脂玉陶瓷盖碗

2．商品色彩还原度高

在一般情况下，商品照片的色彩需要做到准确还原，拍摄者需要结合拍摄前期和后期技巧，尽量让商品照片展现的色彩与商品本身的色彩一致。

案例：女式平圆领羊绒衫如图 4-2 所示。

3．角度、细节展示充足

商品照片用于线上展示，消费者无法通过直接接触商品来观察细节，因此商品照片需要有多个角度、细节的呈现。

案例：女式多功能旅行包细节图如图 4-3 所示。

第 4 章　商品拍摄技法

图4-2　女式平圆领羊绒衫

图4-3　女式多功能旅行包细节图

4．展示商品真实状态

商品图片是为了让消费者更了解商品的使用方法、使用场景、特征等信息，精准地表现商品的状态，让消费者更加直观地了解商品。

案例：绿联平板电脑支架应用场景图如图 4-4 所示。

图4-4　绿联平板电脑支架应用场景图

4.1.3　商品拍摄常见的问题

1. 画面曝光不足或过度

在拍摄过程中，如果曝光不足或过度，很容易使商品照片过暗或过亮，会在视觉上给人不舒服的感觉，使消费者无法看清商品的形状、样式和质感。

2. 图片失真或模糊

图片失真（如商品的颜色偏差较大）往往会提高退换货率，增加客服的工作量，同时往往会收到差评。图片模糊导致消费者看不清楚商品的细节，影响商品的点击率和网店的转化率。

3. 主体过大或过小

商品在画面中占据的比例过小，就无法突出商品的主体地位，导致商品主体不明确，消费者无法看到商品的细节。商品在画面中占据的比例过大，就会使消费者在视觉上产生压迫感。在拍摄较大商品时可以在画面中适当地添加其他参照物，与商品产生对比，有利于让消费者对商品的大小产生明确的认识。

4. 角度和细节展示不足

如果商品角度和细节展示不足，则消费者无法全方面了解商品，因此也无法决定是否购买商品。

5. 商品与背景搭配不协调

在背景搭配时不仅仅要考虑背景的颜色，还要考虑背景的材质。在颜色的搭配上要考虑背景颜色能否与商品主体搭配且产生鲜明的对比，在材质的搭配上要考虑材质是否与主体协调。

6. 商品摆放效果不佳

对于数量多的同类商品，可以采用有序列或疏密相同的方式进行摆放，这样拍摄出来的商品照片会更加生动，具有节奏和韵律感。如果把商品都堆积在一起，则会显得呆板。

4.2 商品拍摄器材

拍摄器材对商品拍摄具有十分重要的作用，好的拍摄器材往往可以拍摄出更优质的商品照片，提高消费者的视觉体验。

4.2.1 摄影器材

摄影器材主要可以分为单反相机、微单相机、卡片机和智能手机 4 类。

1. 单反相机

单反相机又被称为单镜头反光相机，是专业级的数码相机，不同型号的佳能单反相机如图 4-5、图 4-6 和图 4-7 所示。

图4-5　佳能（Canon）850D　　　　　　图4-6　佳能（Canon）90D

图4-7 佳能（Canon）5D Mark Ⅳ

优点：拍摄出来的照片清晰度高，可以更换与其配套的各种镜头。具有很强的拓展性，除了能够使用偏振镜、减光镜等附加镜片，还可以使用专业的闪光灯及其他辅助设备。

缺点：机身笨重、不便携带、操作复杂、价格较高。

2. 微单相机

微单相机又被称为无反相机，是介于单反相机和卡片相机之间的相机，不同型号的佳能微单相机如图4-8、图4-9和图4-10所示。

优点：拥有小巧的体积和单反相机的画质，具有便携性、专业性和时尚的特点。基本手动功能齐全，可以更换镜头，成像质量比卡片相机要好很多，价格通常低于同档次的入门单反相机。

缺点：成像质量与单反相机相比存在一定差距。

图4-8 佳能（Canon）R10 　　　　图4-9 佳能（Canon）R6 Mark Ⅱ

图4-10 佳能（Canon）R3

3. 卡片相机

卡片相机指一般的数码相机，不同型号的佳能卡片相机如图 4-11、图 4-12 和图 4-13 所示。

优点：具有外形小巧、机身轻巧、携带方便、超薄时尚等特点，价格与微单相机、单反相机相比更便宜，新手容易操作。

缺点：由于机身小巧，镜头无法做大，导致其成像质量和透光量难以提升，并且不可以更换镜头，因此拍摄出的照片质量一般。

图4-11　佳能（Canon）IXUS

图4-12　佳能（Canon）SX740 HS

图4-13　佳能（Canon）G5X

4. 智能手机

随着技术的不断发展，智能手机的拍照功能越来越强大，现在很多网店的商品照片或视频都是使用智能手机拍摄的。魅族 18s Pro、小米 13 Pro 和华为荣耀 Magic 4 智能手机如图 4-14、图 4-15 和图 4-16 所示，这些智能手机都具有强大的拍摄功能。

优点：具有机身轻薄、使用方便快捷、入门门槛低等特点。

缺点：由于手机体积有限，拍摄的专业性与专业相机相比还是存在较大的差距。

图4-14　魅族18s Pro

图4-15　小米13 Pro

图4-16　华为荣耀 Magic 4

4.2.2　灯光器材

光线是摄影的灵魂,要拍出有质感的商品照片就要懂得恰如其分地运用灯光和控光器材,以塑造商品的质感、立体感和空间感。

1. 摄影灯具

1）持续光源

所谓持续光源,就是一直亮着的灯,也被称为常亮灯。其最大优点就是"所见即所得",布光时看到的光效基本上就是最终照片的光效。常见的持续光源有摄影补光灯、环形补光灯、手持补光灯等,神牛（Godox）SL200W 补光灯、神牛（Godox）LR120 环形补光灯和神牛（Godox）LC500R 手持补光棒分别如图 4-17、图 4-18 和图 4-19 所示。

图4-17　神牛（Godox）SL200W 补光灯

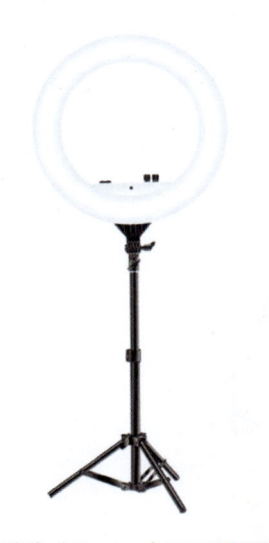

图4-18　神牛（Godox）LR120环形补光灯 　　　图4-19　神牛（Godox）LC500R 手持补光棒

2）瞬间光源

瞬间光源即闪光灯，其工作原理是先向电容中充电，然后瞬间触发，这样可以得到强度更高的光源。瞬间光源可以分为内置闪光灯、外置闪光灯和影视闪光灯三种。

- 内置闪光灯：相机的标配闪光灯，闪光指数小，照明光与机位一致，不利于变化，都是正面光，整体亮度较高。佳能（Canon）1200D 相机内置闪光灯如图 4-20 所示。
- 外置闪光灯：配有热靴插槽的相机，既可以外插闪光灯与相机协调使用，也可以使用连闪线连接相机和闪光灯。佳能（Canon）EL-100 外置闪光灯如图 4-21 所示。

图4-20　佳能（Canon）1200D 相机内置闪光灯　　图4-21　佳能（Canon）EL-100外置闪光灯

- 影视闪光灯：集造型灯泡和闪光灯泡于一身。造型灯泡提供持续光源，光线强度较低，主要用于对角。闪光灯泡提供高强度光，在拍摄中能够有效还原商品的色彩。神牛（Godox）SK400W 闪光灯如图 4-22 所示。

图4-22　神牛（Godox）SK400W 闪光灯

2．辅助灯光器材

无论是持续光源还是瞬间光源，所能产生的灯光效果都是一定的，在实际的拍摄过程中，为了改善各种灯光的光质与色彩，可以使用辅助灯光器材对光线进行加工，以满足不同场景的需求。辅助灯光器材可以分为柔光箱、束光筒、反光伞和反光板等。

- 柔光箱：由柔光箱体、柔光布、支撑杆、卡盘等组成，形状分方形、灯笼球形、八角形等。神牛（Godox）卡口方形柔光箱如图4-23所示。
- 束光筒：又被称为猪嘴，是防止光线扩散的工具，可以制造局部强光，套在灯头上使用。神牛（Godox）SN-04束光筒如图4-24所示。

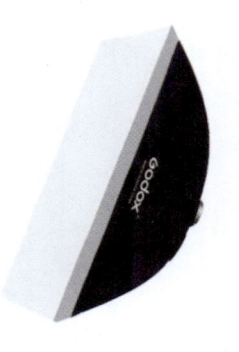

图4-23　神牛（Godox）卡口方形柔光箱 　　　图4-24　神牛（Godox）SN-04束光筒

- 反光伞：一种专用反光工具，可以使光产生散射，在被拍摄物体上形成大面积的散射光。伞面的内涂层颜色可以分为银色、白色、金色、蓝色四种类型。神牛（Godox）抛物线银色反光伞如图4-25所示。
- 反光板：根据环境需要用好反光板，可以让平淡的画面变得更加饱满，体现良好的影像光感、质感。同时，使用它可以适当改变画面中的光线，对于简化画面成分、突出主体也有很好的作用。反光板颜色通常有金色、银色、黑色、白色和柔光。金贝（JINBEI））五合一反光板如图4-26所示。

图4-25　神牛（Godox）　抛物线银色反光伞 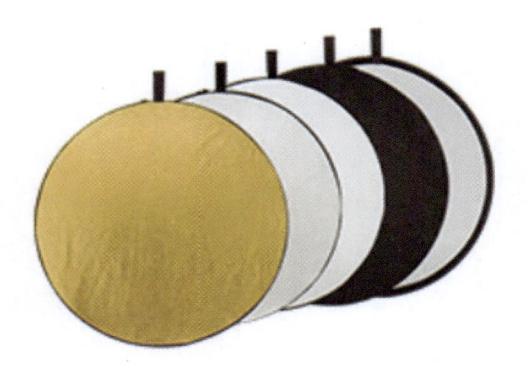　　　图4-26　金贝（JINBEI）五合一反光板

4.2.3 辅助拍摄器材

在商品拍摄过程中,为了保证商品照片的质量和效果,除了使用摄影器材和灯光器材,往往还需要借助辅助拍摄器材,以保证相机和灯光设备发挥其应有的作用。如三脚架、灯架、拍摄背景、商品拍摄台、小型摄影棚等。

- 三脚架:用来稳定照相机的一种支撑架,是商品摄影过程中必不可少的器材。云腾三脚架如图 4-27 所示。
- 灯架:用来固定柔光箱、闪光灯等灯光器材,也可用作搭建拍摄背景的支架。贝阳灯架如图 4-28 所示。

图4-27　云腾三脚架　　　　图4-28　贝阳灯架

- 拍摄背景:背景布是室内摄影的必需品,有单色的背景布,也有带图案的背景布。单色背景布可以起到一定的布光作用,通过反光、柔光、吸光等方式,对拍摄背景光线、轮廓光、背景光晕、光比塑造等起到很重要的作用。对抠像来说,蓝、绿单色背景布都易于后期处理。带有图案的背景布可以起到背景装饰作用。白色半透明背景布可以打曝背景,制造纯白通透的背景效果,对于拍摄干净的商品照片起到关键作用。12 色摄影无纺布如图 4-29 所示。
- 商品拍摄台:常用的商品拍摄台有静物拍摄台和电动旋转静物拍摄台两种。静物拍摄台是摄影棚中的常用设备,是放置商品和道具的专用平台,金贝(JINBEI)静物拍摄台如图 4-30 所示;电动旋转静物拍摄台可以拍摄 360°全景视频来展示商品,转盘王电动转盘旋转静物拍摄台如图 4-31 所示。

第 4 章 商品拍摄技法

图4-29 12色摄影无纺布

图4-30 金贝（JINBEI）静物拍摄台 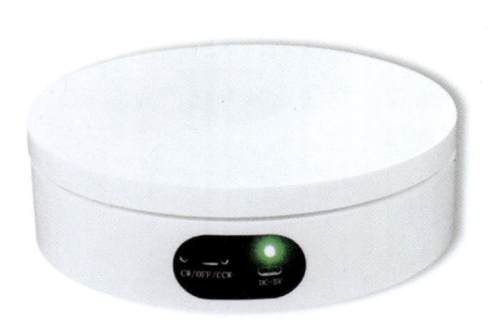　　　图4-31 转盘王电动转盘旋转静物拍摄台

- 小型摄影棚：收纳方便，体积小，重量轻，特别适合小物件的拍摄。神牛（Godox）小型摄影棚如图 4-32 所示。

图4-32　神牛（Godox）小型摄影棚

4.3　商品拍摄流程

商品拍摄流程可以分为前期准备、商品拍摄、后期处理和完成交付四个步骤。

4.3.1　前期准备

在正式拍摄前，摄影师有很多准备工作。只有将前期工作做好，才能拍摄出满意的商品照片。

1. 全面了解商品

1）了解拍摄商品的外观与外包装

首先要对商品的材质、做工、造型、颜色及外包装进行认真的观察和分析，从中发现形式和规律，以便选择合适的背景和拍摄角度，利于在拍摄时更好地构图和用光，通过镜头完美展现商品。

2）了解商品的特征与使用方法

除了需要了解商品的外形特征，还需要通过仔细阅读商品说明书来熟悉商品的功能、配置特征、清洗和保管等，掌握其使用方法，这样才能在拍摄过程中更好地传达商品的亮点和卖点，并且在照片后期处理时更好地配合文案对商品功能、操作步骤和特征进行详细讲解。不同类别的商品功能、特点等不同，要根据商品的实际情况进行规划。

2．确定拍摄风格

根据所拍摄的商品，寻找、参考一些同类商品卖家的照片，结合商品的特点，确定商品拍摄风格。

3．制定拍摄方案

1）进行商品分类

在正式拍摄前，最好先按照材质、大小、颜色、反射率等因素综合考虑，对商品进行细致的分类，再按顺序拍摄。如果事先没有进行分类就开始拍摄，则可能因为商品更换背景、灯光、辅助器材等耽误时间，影响拍摄效率。

2）确定拍摄顺序

对商品进行分类后，接下来需要进一步确定拍摄顺序。应该先拍摄简单、容易操作、容易表现的商品，再拍摄搭配复杂、需要使用辅助器材才能拍摄的商品。例如，在拍摄服装时，一般先拍摄平铺和挂拍的服装，再拍摄模特穿着的服装，如果穿插交替拍摄，则摄影师会比较辛苦。同时要先拍摄质地相同、风格相同的服装，以及白背景下的单件服装，再拍摄有装饰搭配的服装。

3）明确拍摄步骤

第一步，先从多角度对商品进行拍摄，包括商品的正面、背面、45°角和内部结构，全方位多角度的拍摄可以让消费者深入了解商品的外观。再使用微距将商品的细节局部放大进行拍摄。

第二步，先对商品的包装进行多角度拍摄，包括包装的正面、背面和45°角。再将商品和包装组合进行拍摄。通过外包装的展示，可以体现出品牌感或运输中的安全性等。

第三步，对商品说明书和防伪标识进行拍摄。

第四步，对商品的使用步骤进行拍摄。

第五步，对商品组合进行拍摄。

4．准备拍摄器材

在正式拍摄前，需要对拍摄中需要使用的器材进行充分准备和检查，确保拍摄顺利进行。根据室内或室外不同的拍摄环境来准备照明用具，在室外拍摄时一定要准备多块反光板，在室内拍摄时要准备好柔光箱、反光伞等器材。

5．制定拍摄规划表

为方便拍摄并提高拍摄效率，可以制作一张表格形式的拍摄规划表，商品拍摄规划表参考模板如表4-1所示。

表 4-1　商品拍摄规划表参考模板

商品名称		拍摄时间		交稿时间	
商品描述					
拍摄要求					
拍摄项目		拍摄要点		拍摄环境	张数
整体大图					
多角度图					
细节图					
模特图					
包装效果图					
……					

4.3.2　商品拍摄

光影与构图是摄影的两大基本要素，光影是照片的灵魂，构图是照片的框架。

1. 布光

1）商品拍摄的光位

光位指光源的照射方向及光源相对于被拍摄物体的位置。在摄影中，光位决定着被拍摄物体的位置，也影响着被拍摄物体的质感和形态。光位可以千变万化，但在被拍摄物体与照相机位置相对固定的情况下，光位可以分为侧顺光、侧光、侧逆光、逆光、顶光和底光，不同的光位可以产生不同的光影效果。

案例：侧顺光拍摄如图 4-33 所示。

图4-33　侧顺光拍摄

案例：侧光拍摄如图 4-34 所示。

图4-34 侧光拍摄

案例：侧逆光拍摄如图4-35所示。

图4-35 侧逆光拍摄

案例：逆光拍摄如图4-36所示。

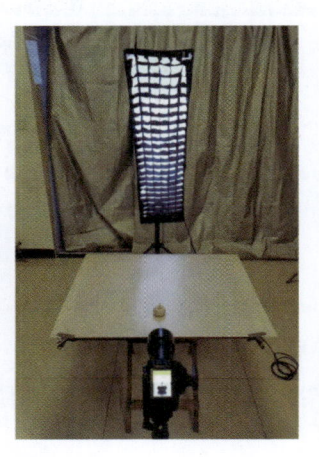

图4-36 逆光拍摄

案例：顶光拍摄如图4-37所示。

图4-37　顶光拍摄

案例：底光拍摄如图4-38所示。

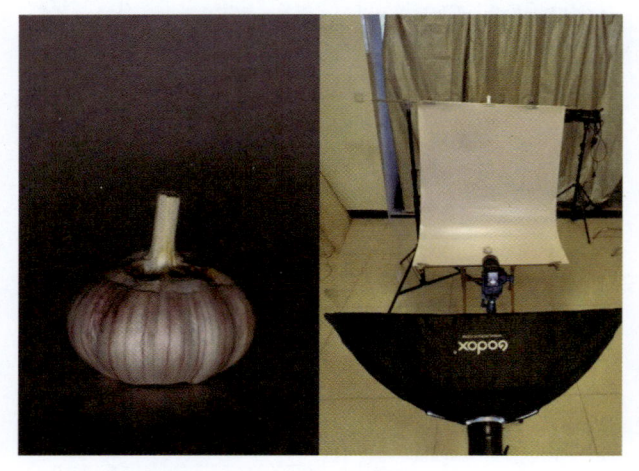

图4-38　底光拍摄

2）商品拍摄常见的布光方式

为了取得理想的光影效果，在摄影棚内布光时要掌握布光技巧：控制好光源面积和扩散程度以保证足够的照明亮度，选择合适的灯距；尽量少用灯具，多用反光器具；做好合适的光比控制。

商品拍摄常见的布光方式包括正面两侧布光、两侧45°角布光、单侧45°角的不均衡布光、前后交叉布光和后方布光等。

- 正面两侧布光：这是商品拍摄中最常用的布光方式，正面投射出来光线全面而均衡，商品展现全面、不会有暗角，如图4-39所示。

第 4 章　商品拍摄技法

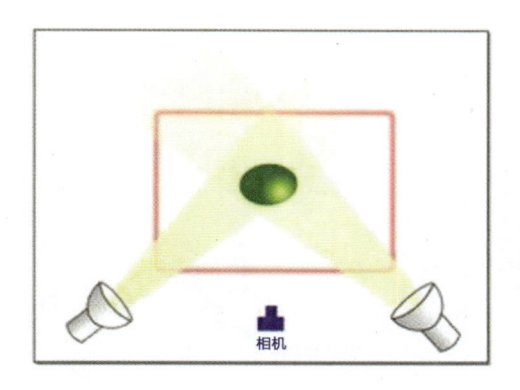

图4-39　正面两侧布光

- 两侧45°角布光：这种布光方式使商品的顶部受光，正面没有完全受光，适合拍摄外形扁平的小商品，不适合拍摄立体感较强且有一定高度的商品，如图4-40所示。

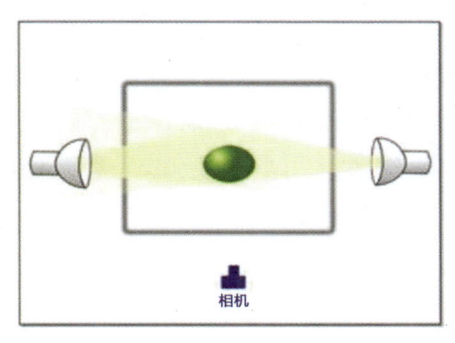

图4-40　两侧45°角布光

- 单侧45°角的不均衡布光：商品的一侧出现严重的阴影，底部的投影也很深，商品表面的很多细节无法得以呈现，同时，由于减少了环境光线，反而增加了拍摄的难度，如图4-41所示。

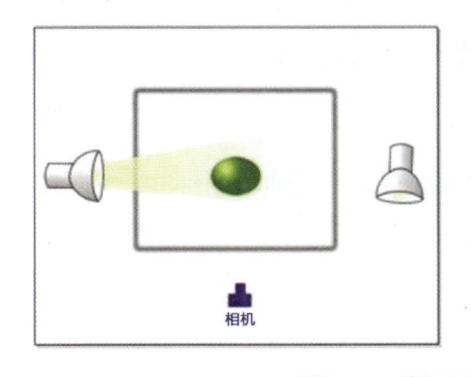

图4-41　单侧45°角的不均衡布光

- 前后交叉布光：从商品后侧打光可以表现出表面的层次感，如果两侧的光线还有明暗的差别，则既能表现出商品的层次，又保全了所有的细节，比单纯关掉一侧灯光的效果更好，如图 4-42 所示。

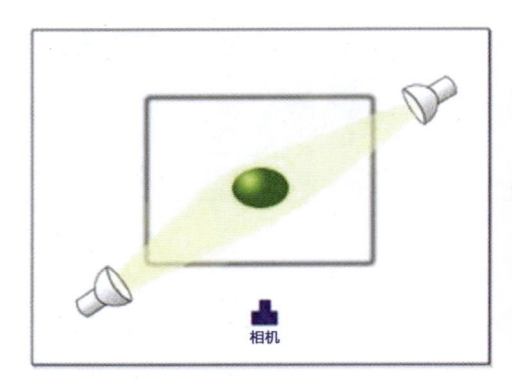

图4-42　前后交叉布光

- 后方布光：从背后打光，商品的正面因没有光线而产生大片的阴影，无法看出商品的全貌，因此，除了拍摄需要表现具有通透性的商品（如琉璃、镂空雕刻等），最好不要轻易尝试这种布光方式。同样的道理，如果采用平摊摆放的方式来拍摄，则可以增加底部的灯光来表现出通透的质感，如图 4-43 所示。

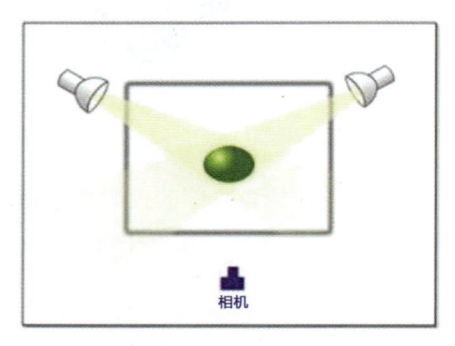

图4-43　后方布光

2．构图

构图是指商品、道具、场景在画面中的位置及它们之间的相互作用，简而言之就是视觉上的结构设计。优秀的构图可以引导消费者看到商品的重点，从而吸引消费者更加深入了解商品。

1）三分法构图

三分法构图又被称为九宫格构图法、井字构图法。它使用两条横线、两条竖线将画面分成三个区域（九个小块），将想要强调的主体放在四个交叉点中的任意一个即可。

案例：女士羽绒服主图和361°泳帽主图分别如图4-44、图4-45所示。

图4-44　女式羽绒服主图　　　　　　图4-45　361°泳帽主图

2）直线构图

直线构图是指商品呈直线排列，可以整齐简约地展示商品。

案例：小米手机主图和小米运动手环主图分别如图4-46、图4-47所示。

图4-46　小米手机主图　　　　　　图4-47　小米运动手环主图

3）斜线构图

斜线构图是指画面中的主体呈现为倾斜的线条，这种构图可以使画面更具立体感、延伸感和动感。

案例：单肩包肩带主图和筷子主图分别如图4-48、图4-49所示。

图4-48　单肩包肩带主图 　　　　　　　图4-49　筷子主图

4）对角线构图

对角线构图就是将商品摆放在画面的对角线上，同样可以使画面更具立体感、延伸感和动感。

案例：羽毛球拍主图和乐福鞋主图分别如图4-50、图4-51所示。

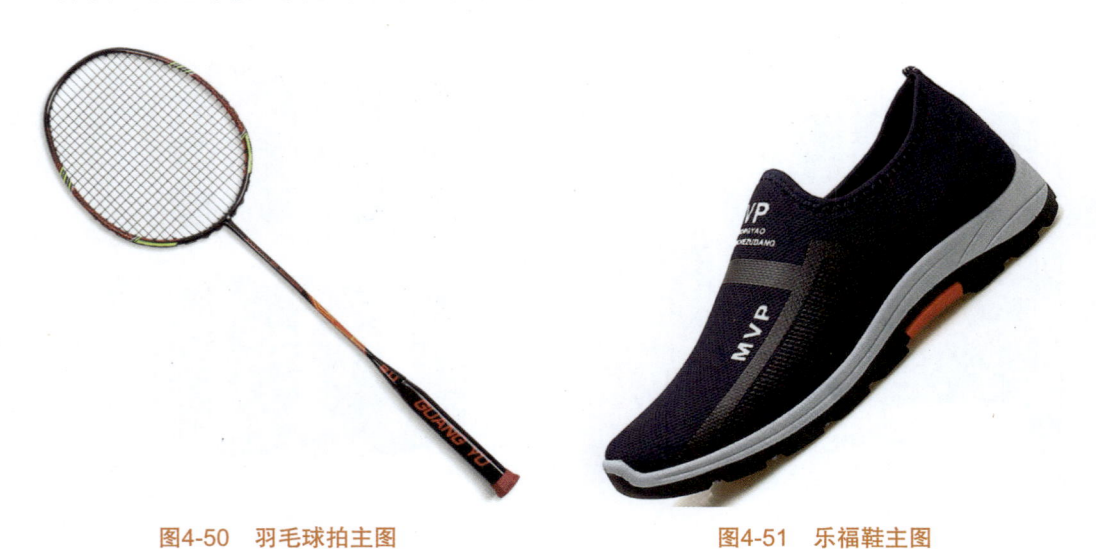

图4-50　羽毛球拍主图　　　　　　　图4-51　乐福鞋主图

5）渐次式构图

渐次式构图是指将多个商品由主到次、由大及小、由实到虚进行排列，将重复的商品打造出层次感和空间感，使商品更具表现力。

案例：便携旅行洗漱套装主图和茶叶罐主图分别如图4-52、图4-53所示。

图4-52 便携旅行洗漱套装主图　　　　　　　图4-53 茶叶罐主图

6）三角形构图

三角形构图以三个视觉中心为商品的主要位置，有时是以三点成面几何构成来安排商品，形成一个稳定的三角形。这种三角形可以是正三角也可以是斜三角形或倒三角形，其中，斜三角形较为常用，也较为灵活。三角形构图具有安定、均衡但不失灵活的特点。

案例：儿童餐具主图和糖果罐主图分别如图4-54、图4-55所示。

图4-54 儿童餐具主图　　　　　　　　　　图4-55 糖果罐主图

7）辐射式构图

辐射式构图是将商品呈放射性发散排列，这种构图可以增强画面的张力，视觉冲击力强。

案例：不锈钢勺子主图和烘焙五彩塑料量勺主图分别如图4-56、图4-57所示。

图4-56　不锈钢勺子主图

图4-57　烘焙五彩塑料量勺主图

8）其他构图

由于商品种类繁多，卖家会充分发挥创意尝试各种商品摆设方式，使商品的构图更加多样化，从而吸引买家的眼球。

案例：龙泉青瓷茶具主图花瓣构图和十字绣线主图心形构图分别如图4-58、图4-59所示。

图4-58　龙泉青瓷茶具主图花瓣构图

图4-59　十字绣线主图心形构图

4.3.3　后期处理

所有的拍摄工作完成后，要先将拍摄的商品照片导入计算机，再进行挑选，接着借助图像处理软件对商品照片不足的地方在保证真实性的情况下进行修改和完善，如污点修复、调整偏色、修正曝光等。

4.3.4　完成交付

商品照片后期处理完成后，提交样片给客户审核，确定是否符合要求。如果客户提出修改意见，则按照客户要求进行调整，尽可能满足客户需求。商品照片调整完成后，提供成片。

本章关键词

商品拍摄；拍摄设备；拍摄流程；布光；构图。

本章习题

一、单选题

1. 以下属于佳能单反相机是（　　）。
   A．佳能（Canon）R10　　　　　　　B．佳能（Canon）R6 Mark Ⅱ
   C．佳能（Canon）5D Mark Ⅳ　　　D．佳能（Canon）R3
2. 以下不属于辅助灯光器材的是（　　）。
   A．柔光箱　　　　B．旋转拍摄台　　　C．反光板　　　　D．束光筒
3. 以下可以实现360°全景拍摄视频来展示商品的是（　　）。
   A．摄影棚　　　　　　　　　　　　　B．静物拍摄台
   C．电动旋转静物拍摄台　　　　　　　D．小型摄影棚
4. 以下构图方式可以增强画面张力，产生较强视觉冲击力的是（　　）。
   A．直线构图　　　B．对角线构图　　　C．三角形构图　　D．辐射式构图
5. 以下既能表现出商品的层次又保全了所有的细节的布光方式是（　　）。
   A．正面两侧布光　　　　　　　　　　B．两侧45°角布光
   C．前后交叉布光　　　　　　　　　　D．后方布光

二、多选题

1. 以下属于商品照片基本要求的是（　　）。
   A．主体清晰突出　　　　　　　　　　B．商品色彩还原度高

C．角度、细节展示充足　　　　　　D．展示商品真实状态

2．照片拍摄器材可以分为（　　）。

　　A．单反相机　　　B．微单相机　　　C．卡片相机　　　D．智能手机

3．摄影灯光按发光方式可以分为（　　）。

　　A．持续光源　　　B．瞬间光源　　　C．辅助灯光　　　D．外置闪光灯

4．商品拍摄流程包括（　　）。

　　A．前期准备　　　B．商品拍摄　　　C．后期处理　　　D．完成交付

5．以下属于商品拍摄常见的布光方式是（　　）。

　　A．正面两侧布光　　　　　　　　　B．两侧45°角布光

　　C．前后交叉布光　　　　　　　　　D．单侧45°角的不均衡布光

三、判断题

1．使用单反相机拍摄出来的照片清晰度高，可以更换各种配套镜头，但是其机身笨重、不便携带、操作复杂、价格较高。（　　）

2．在商品拍摄过程中很容易出现画面曝光不足或过度的问题。（　　）

3．瞬间光源可以分为内置闪光灯和外置闪光灯两种。（　　）

4．商品摄影拍摄过程中无须过多了解商品的材料、做工、造型、颜色等商品特征。（　　）

5．斜线构图是指画面中的主体呈现为倾斜的线条，这种构图可以使画面更具立体感、延伸感和动感。（　　）

四、实践题

选择一件国潮商品，制定拍摄规划表并进行拍摄练习。

本章进一步阅读资料

1．刘君武．商业摄影实拍案例——淘宝、广告摄影、专业摄影进阶通用（全彩）[M]．2版．北京：电子工业出版社，2020.04．

2．于亮．电商摄影实战从入门到精通[M]．北京：化学工业出版社，2019.01．

第 5 章
Photoshop 商品图像处理

第 5 章　Photoshop 商品图像处理

学习目标

知识目标

1. 理解图像的基本概念。
2. 知道商品抠图的概念及常用的方法。
3. 知道常用的商品图像优化处理方法。
4. 知道常用的商品图像调色方法。

能力目标

1. 掌握 Photoshop 的基本操作。
2. 掌握常用的商品抠图方法。
3. 掌握常用的商品图像优化处理方法。
4. 掌握常用的商品图像调色方法。
5. 提升艺术审美能力。

素养目标

1. 具备良好的艺术审美能力。
2. 具备认真踏实、精益求精的工匠精神。

知识思维导图

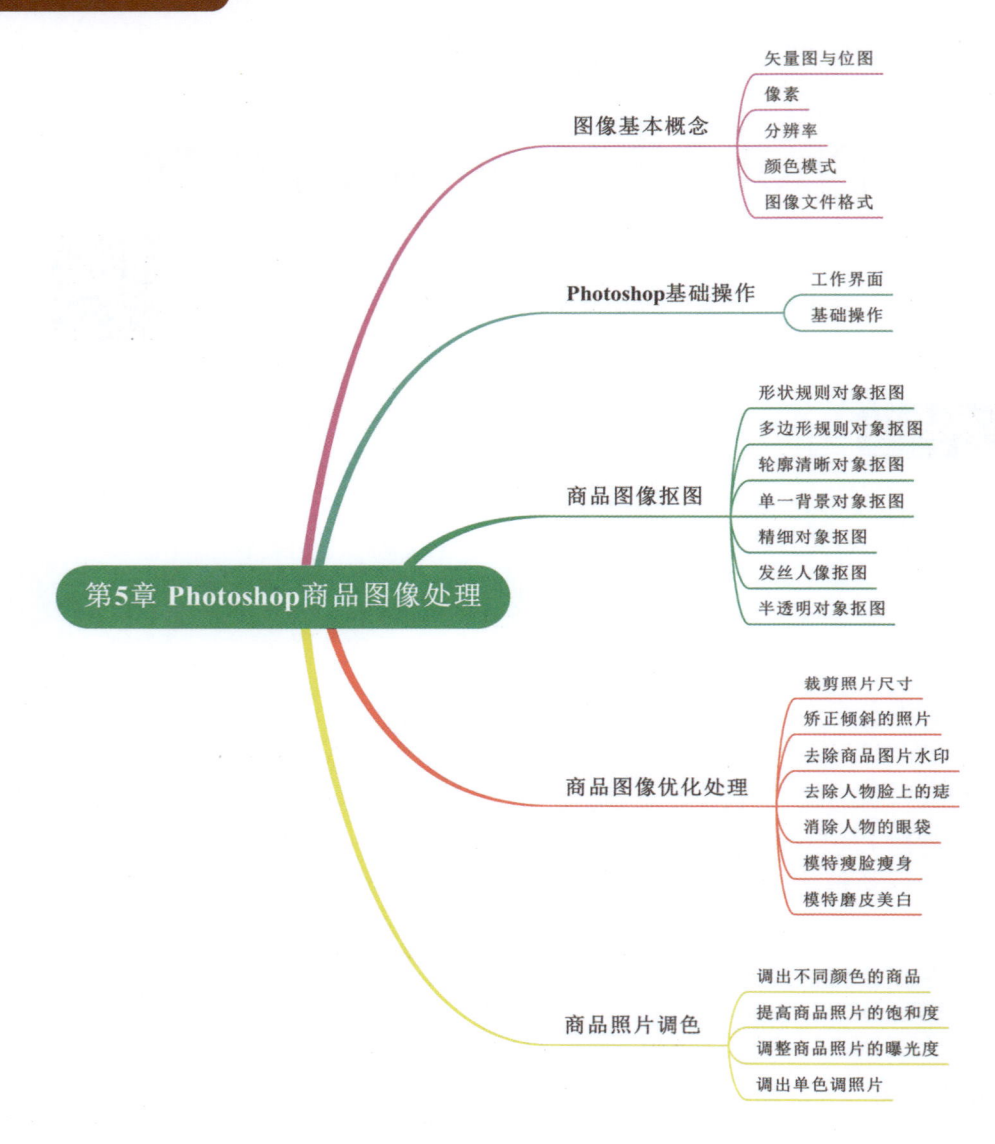

- 第5章 Photoshop商品图像处理
  - 图像基本概念
    - 矢量图与位图
    - 像素
    - 分辨率
    - 颜色模式
    - 图像文件格式
  - Photoshop基础操作
    - 工作界面
    - 基础操作
  - 商品图像抠图
    - 形状规则对象抠图
    - 多边形规则对象抠图
    - 轮廓清晰对象抠图
    - 单一背景对象抠图
    - 精细对象抠图
    - 发丝人像抠图
    - 半透明对象抠图
  - 商品图像优化处理
    - 裁剪照片尺寸
    - 矫正倾斜的照片
    - 去除商品图片水印
    - 去除人物脸上的痣
    - 消除人物的眼袋
    - 模特瘦脸瘦身
    - 模特磨皮美白
  - 商品照片调色
    - 调出不同颜色的商品
    - 提高商品照片的饱和度
    - 调整商品照片的曝光度
    - 调出单色调照片

5.1 图像基本概念

5.1.1 矢量图与位图

矢量图根据几何特征来绘制图形，使用线段和曲线来描述图像，是依靠软件生成的。

由于矢量图中包含独立的分离图像,因此其占用空间比较小。并且,矢量图的清晰度与分辨率无关,可以缩放到任意尺寸,不会丢失细节。制作矢量图的软件有 Adobe Illustrator、AutoCAD、CorelDRAW 等。

位图又被称为点阵图或像素图,使用像素表现图像,每个像素都具有特定的位置和颜色值。位图的色彩比较丰富,效果逼真。图像放大后会出现失真现象,表现为马赛克或模糊。处理位图的软件有 Photoshop、美图秀秀、画图等。

矢量图与位图放大效果对比如图 5-1 所示。

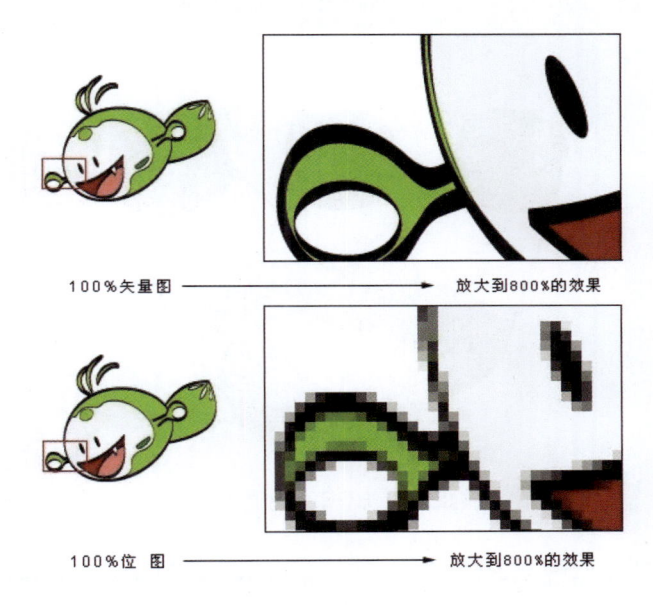

图5-1 矢量图与位图放大效果对比

5.1.2 像素

像素(Pixel)是英文单词 Picture 与 Element 的缩写组合词,是构成位图图像的基本单位。位图图像的像素大小是指沿着图像的宽度和高度测量出的像素数量。

5.1.3 分辨率

分辨率的单位是 ppi(pixels per inch,像素/英寸),即每英寸所包含的像素数量。例如,72ppi 表示每英寸包含 72 个像素,300ppi 表示每英寸包含 300 个像素。图像的分辨率越高,图像质量就越好,对应的文件也就越大。

5.1.4 颜色模式

图像文件中常见的颜色模式主要有 RGB 颜色模式、CMYK 颜色模式、Lab 颜色模式、位图模式、灰度模式等。其中，RGB 颜色模式和 CMYK 颜色模式最常用。

RGB 颜色模式是一种加色模式，如图 5-2 所示。加色的原色是三种色光，即红色（Red）、绿色（Green）和蓝色（Blue）。按照不同的组合将这三种色光叠加在一起，可以生成可见色谱中的所有颜色。添加等量的红色、绿色和蓝色生成白色，完全缺少红色、绿色和蓝色生成黑色。现在大多数的显示屏都使用 RGB 颜色模式进行输出。

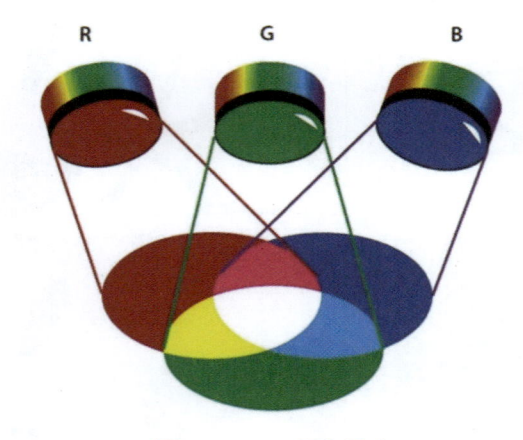

图5-2　RGB 颜色模式

CMYK 颜色模式是一种减色模式，如图 5-3 所示。它与印刷中油墨配色的原理相同，由青色（Cyan）、洋红色（Magenta）、黄色（Yellow）和黑色（Black）四种颜色混合而成。CMYK 颜色模式通常用于印刷。

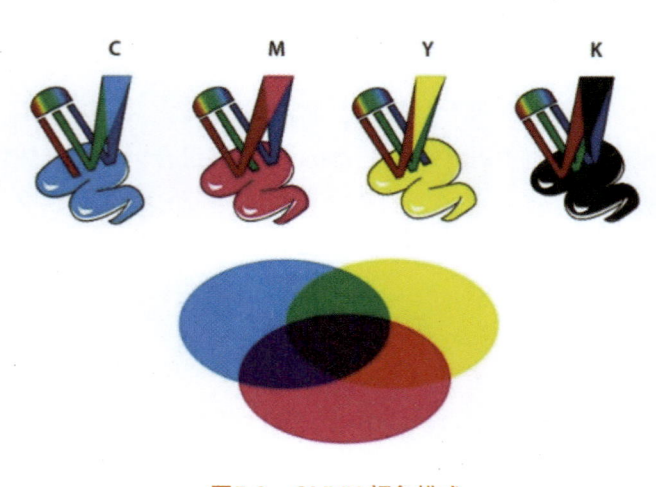

图5-3　CMYK 颜色模式

5.1.5 图像文件格式

在 Photoshop 中保存文档，或者从网络上下载图片，都会涉及图像文件格式的问题。主流的图像文件格式主要有 4 种：PSD 格式、JPEG 格式、PNG 格式和 GIF 格式。

1．PSD 格式

PSD（Photoshop Document）是 Photoshop 专有的图像文件格式，扩展名为 ".PSD"。这种格式可以存储 Photoshop 中所有的图层、通道、路径等信息，修改起来较为方便。但是因为它保留了原图像的所有信息，所以与其他格式的图像文件相比，PSD 格式的图像文件占用的磁盘空间要大得多。

2．JPEG 格式

JPEG 格式（Joint Photographic Experts Group Format）是一种常用的压缩图像文件格式，它的扩展名为 ".JPG" 或 ".JPEG"。JPEG 格式最大的特点是文件比较小，可以进行高倍率的压缩，因此在注重文件大小的领域应用广泛。其压缩级别越高，得到的图像的品质越低；压缩级别越低，得到的图像的品质越高。JPEG 格式支持 CMYK 颜色模式、RGB 颜色模式和灰度模式，但不支持透明度。

3．PNG 格式

PNG 格式（Portable Network Graphic Format）是一种无损压缩图像文件格式，它的扩展名为 ".PNG"。PNG 格式支持 24 位图像，并且能够生成无锯齿状边缘的透明背景图像。但由于某些浏览器不支持 PNG 格式，所以该格式的应用范围没有 GIF 格式和 JPEG 格式广泛。

4．GIF 格式

GIF 格式（Graphic Interchange Format）是一种使用 LZW 压缩算法进行压缩的图像文件格式，它的扩展名为 ".GIF"。由于 GIF 格式最多只能保存 256 种颜色，并且使用 LZW 压缩算法进行压缩，因此保存的文件非常轻便，不会占用太大的磁盘空间，非常适合图片传输。GIF 格式分为静态 GIF 和动画 GIF 两种，并且支持透明背景图像。

5.2 Photoshop 基础操作

Photoshop 是网店设计与装修的必备软件，在设计工作开始之前，首先需要熟悉其工作界面，学会如何新建文件、打开文件、保存文件和关闭文件。

5.2.1 工作界面

启动 Photoshop，进入 Photoshop 工作界面，如图 5-4 所示。界面中主要包括菜单栏、工具箱、选项栏、图像工作区、状态栏和控制面板。

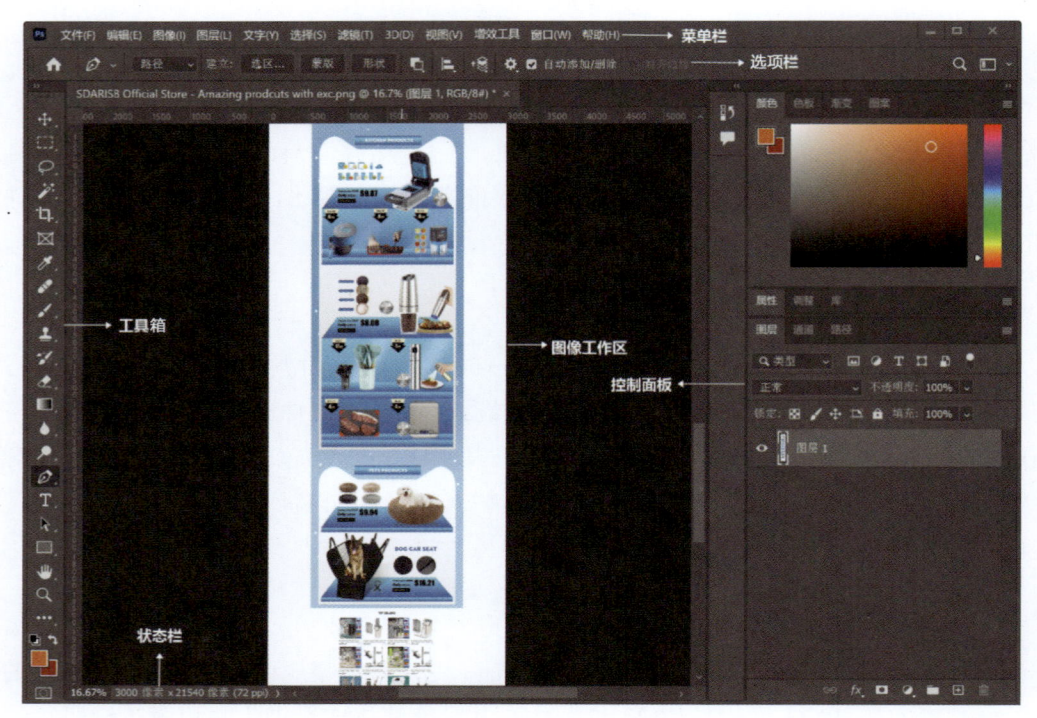

图5-4　Photoshop 工作界面

- 菜单栏：菜单栏包括"文件"、"编辑"、"图像"、"图层"、"文字"、"选择"、"滤镜"、"3D"、"视图"、"增效工具"、"窗口"和"帮助"等 12 个菜单。Photoshop 通过两种方式执行所有命令，一是使用菜单命令，二是使用快捷键。当要使用某个菜单命令时，只需要将鼠标指针移动到菜单名上单击，即可弹出下拉菜单，从中选择想要使用的命令。

- 工具箱：工具箱中列出了 Photoshop 的常用工具，使用工具箱中的工具既可以选择、绘制、编辑和查看图像，也可以选择前景色和背景色及更改屏幕显示模式。大多数工具都有相关的笔刷大小和选项调板，用来调整工具的绘制和编辑效果。有些工具的右下角有一个小三角形符号，这表示在该工具位置上存在一个工具组，其中包括若干个相关工具。

- 选项栏：选项栏又被称为属性栏，位于菜单栏的下方，主要显示工具箱中所选工具的选项信息。当用户选择工具箱中的某一工具后，选项栏中的选项将发生变化，不同的工具有不同的参数。

- 图像工作区：图像工作区用来显示制作中的图像，它是 Photoshop 的主要工作区。
- 状态栏：状态栏位于图像文件窗口的底部，用来显示当前打开的图像文件的信息和提示信息，默认显示当前图像的放大倍数和文件大小。
- 控制面板：控制面板位于 Photoshop 工作界面的右侧，利用它可以完成各种图像处理操作和工具参数设置，包括显示信息、选择颜色、编辑图层、编辑路径和录制动作等。所有面板都可在"窗口"菜单中找到。

5.2.2 基础操作

1．新建文件

常用的新建文件的方式有以下两种。

1）使用菜单命令

选择"文件"→"新建"命令，如图 5-5 所示，弹出"新建文档"对话框，如图 5-6 所示，在对话框中设置文件的名称、尺寸、分辨率、颜色模式和背景内容等。

图5-5 "新建"命令

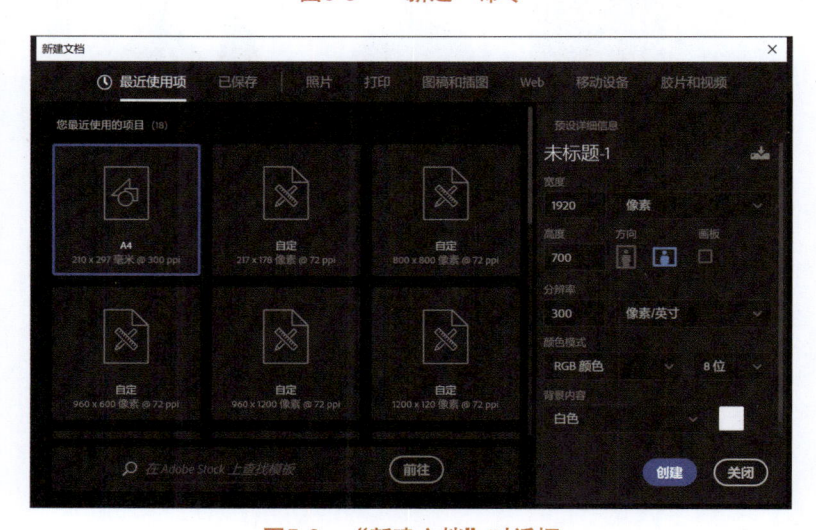

图5-6 "新建文档"对话框

2）使用快捷键

使用"新建"命令的快捷键 Ctrl+N 新建文件。

2. 打开文件

常用的打开文件的方式包括以下三种。

1）使用菜单命令

选择"文件"→"打开"命令或"文件"→"打开为"命令，如图 5-7 所示，弹出"打开"对话框，选择文件并打开。

图5-7 "打开"命令和"打开为"命令

2）使用快捷键

使用"打开"命令的快捷键 Ctrl+O 或"打开为"命令的快捷键 Alt+Shift+Ctrl+O 打开文件。

3）拖曳法

选中文件，并将其拖曳到文档窗口即可打开文件。如果在已有文件打开的情况下继续打开新文件，则需要将新文件拖曳到文件标签附近，如图 5-8 所示。

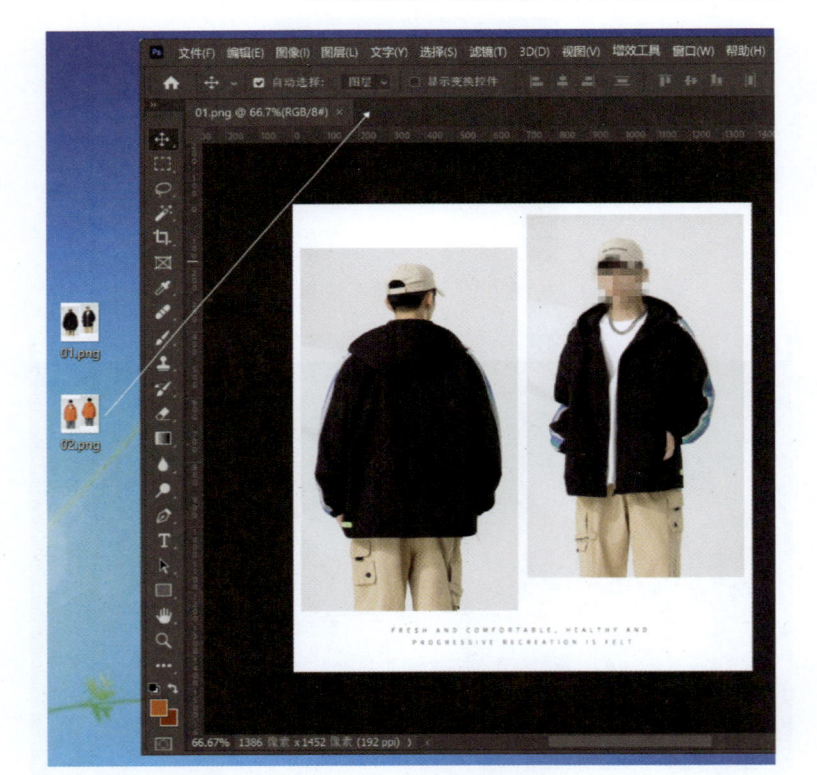

图5-8 拖曳文件的位置

3. 保存文件

常用的保存文件的方式有以下两种。

1）使用菜单命令

选择"文件"→"存储"命令，如果是第一次对新建的文件进行保存，则使用"文件"→"存储为"命令，弹出"另存为"对话框，如图 5-9 所示，设置文件保存路径、文件名和保存类型后保存。

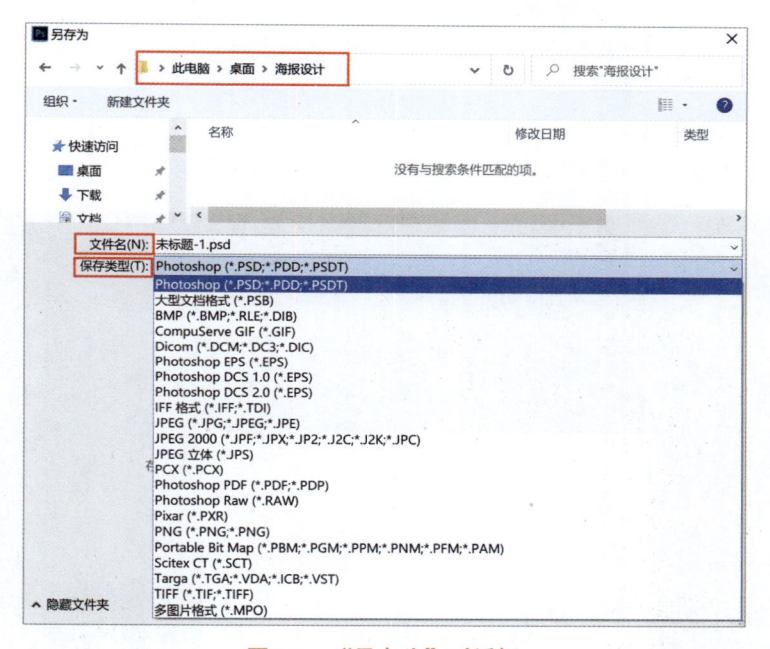

图5-9 "另存为"对话框

2）使用快捷键

使用"存储"命令的快捷键 Ctrl+S 或"存储为"命令的快捷键 Shift+Ctrl+S 保存文件。

4. 关闭文件

常用的关闭文件的方式包括以下三种。

1）使用菜单命令

选择"文件"→"关闭"命令或"文件"→"关闭全部"命令，如图 5-10 所示。其中，"关闭"命令用于关闭当前为激活状态的文件，"关闭全部"命令用于关闭所有文件。

2）使用快捷键

使用"关闭"命令的快捷键 Ctrl+W 或"关闭全部"命令的快捷键 Alt+Ctrl+W 关闭文件。

图5-10 "关闭"命令和"关闭全部"命令

3)使用关闭按钮

单击文件标签上的"关闭"按钮关闭文件,如图5-11所示。

图5-11 "关闭"按钮

5.3 商品图像抠图

在网店设计与装修的过程中,商品图像抠图是一种很常见的操作,它是指将商品与背景分离,以便更加自由地进行合成和设计。商品图像抠图的方法有很多,每种方法的适用场合不同。

5.3.1 形状规则对象抠图

对于形状十分规则的商品图像,如长方形、正方形、椭圆形、圆形等,可以直接使用选框工具完成抠图。矩形选框工具适合抠取具有长方形或正方形特征的图像,椭圆选框工具适合抠取具有椭圆形或圆形特征的图像。在处理过程中,为方便操作可以打开网格精确定位图像。

实践任务

使用椭圆选框工具抠取排球,排球抠取前后的效果如图5-12所示。

5.3.1 实践任务:使用"椭圆选框工具"抠取排球

图5-12 排球抠取前后的效果

操作步骤

第1步:打开素材

打开"排球"图像素材。

第2步:绘制圆形选区

使用工具箱中的椭圆选框工具,找出排球的中心位置并以此为中心绘制圆形选区,在绘制选区的过程中按住Alt+Shift组合键。

第3步:调整选区位置和大小

绘制圆形选区后右击,在弹出的快捷菜单中选择"变换选区"命令,直接拖动选区或使用键盘的上下左右键灵活调整选区位置。同时,可以根据需要进一步缩放选区,一般采用两种方法:一种方法是单击选项栏中的"锁定纵横比"按钮,改变宽度或高度的数值;另一种方法是按住Alt+Shift组合键,拖动选区对角线上的控制点。

第4步:将选区复制到新图层

使用Ctrl+C组合键复制选区范围内的图像,使用Ctrl+V组合键粘贴,在"图层"面板中会产生一个新图层"图层1",隐藏"背景"图层。

第 5 步：保存文件

完成排球的抠取，保存文件。

💡 小贴士

（1）选框工具与按键的组合使用：在使用矩形选框工具进行拖动的同时按住 Shift 键可以创建正方形选区；在使用椭圆选框工具进行拖动的同时按住 Shift 键可以创建圆形选区；在使用矩形选框工具进行拖动的同时按住 Alt+Shift 组合键可以创建以某一点为中心的正方形选区；在使用椭圆选框工具进行拖动的同时按住 Alt+Shift 组合键可以创建以某一点为中心的圆形选区。

（2）自由变换和变换选区的区别：自由变换是将图层中的内容根据需要变换成各种形状，而变换选区只是将所选的区域（虚线框）变大或变小，不改变图层中的内容。

（3）选区模式的选择：选区的运算是通过各种创建选区的工具和 4 种选区模式共同进行的，选区模式包括"新选区"、"添加到选区"、"从选区减去"和"与选区交叉"，含义分别如下。

- 新选区：利用新选区模式可以在图像中创建新的选区，如果之前存在选区，则将被新选区替换。
- 添加到选区：在已存在选区的图像中拖动鼠标指针来绘制新选区，如果与原选区相交，则两者组成新的选区；如果与原选区不相交，则创建另一个选区。
- 从选区减去：在已存在选区的图像中拖动鼠标指针来绘制新选区，如果与原选区相交，则合成的选区会去除相交的区域；如果与原选区不相交，则不能创建新选区。
- 与选区交叉：在已存在选区的图像中拖动鼠标指针来绘制新选区，如果与原选区相交，则合成的选区只保留相交的部分；如果与原选区不相交，则不能创建新选区。

5.3.2 多边形规则对象抠图

使用多边形套索工具可以创建任意不规则形状的多边形选区。

实践任务

5.3.2 实践任务：使用"多边形套索工具"抠取餐桌

使用多边形套索工具抠取餐桌，餐桌抠取前后的效果如图 5-13 所示。

图5-13 餐桌抠取前后的效果

操作步骤

第1步：打开素材

打开"餐桌"图像素材。

第2步：抠取餐桌

使用工具箱中的多边形套索工具，在餐桌外轮廓上通过鼠标单击的方式绘制直线，最终使终点与起点重合，从而创建餐桌选区。复制、粘贴选区范围内的图像，产生"图层1"图层，隐藏"背景"图层。

第3步：保存文件

完成餐桌的抠取，保存文件。

小贴士

（1）为使抠取对象边缘产生羽化的过渡效果，可以在选择抠图工具后先在选项栏中设置较小的羽化值，再开始操作。

（2）在绘制过程中，如果出现错误，则可以按 Delete 键删除最后创建的一条线段，如果按住 Delete 键不放，则可以删除所有线段，效果与按 Esc 键相同。

5.3.3 轮廓清晰对象抠图

5.3.3 实践任务：使用"磁性套索工具"抠取杯子

磁性套索工具能够根据鼠标指针经过处像素值的差别，对边界进行分析，自动创建选区。对于图像边缘清晰的图像，我们为了节省时间，通常会先使用磁性套索工具进行抠取，再反选选区进行删除，得到要抠取的图像。

参数说明如下。

- 羽化：此参数用于设置选区的羽化属性。羽化选区可以模糊选区边缘的像素，产生过渡效果。羽化值越大，选区的边缘越模糊。
- 消除锯齿：选中此复选框后，选区就有了消除锯齿的功能，这时进行填充或删除选区中的图像，就不会出现锯齿，从而使边缘较平顺。
- 宽度：此参数用于指定磁性套索工具在选取时检测的边缘宽度，如默认值为 10，表示磁性套索工具只会寻找 10 个像素之内的物体边缘。其值范围为 1~256，值越小，检测越精确。
- 对比度：用于设置选取时的边缘反差。取值范围为 1%~100%，值越大，反差越大，选取的范围越精确。
- 频率：用于设置选取时的定位点数，值越大，产生的定位点越多。

实践任务

使用磁性套索工具抠取水杯，水杯抠取前后的效果如图 5-14 所示。

图5-14　水杯抠取前后的效果

操作步骤

第 1 步：打开素材

打开"水杯"图像素材。

第 2 步：选取水杯选区

使用工具箱中的磁性套索工具，先选取水杯边缘的某一位置并单击，确定此处为选区的起点，再沿着水杯边缘慢慢移动鼠标指针，移动过程中将自动生成定位点，最终使终点与起点重合，确定水杯的总体选区。在移动鼠标指针的过程中，如果对产生的定位点不是很满意，则可以使用 Delete 键删除定位点，同时在某些转角处可以通过单击的方式手动确定定位点。

第 3 步：删除多余选区

在选项栏中选择"从选区减去"选区模式，使用相同的方式确定水杯把手内部背景区域的选区，使用 Delete 键删除选区。

第 4 步：复制选区

复制、粘贴选区范围内的图像，产生"图层 1"图层，隐藏"背景"图层。

第 5 步：保存文件

完成水杯的抠取，保存文件。

> 💡 **小贴士**
>
> （1）在使用磁性套索工具的过程中，可以使用 Delete 键删除自动生成的定位点，使用 Esc 键删除所有定位点。
>
> （2）在使用磁性套索工具的过程中，如果遇到锐利的角点等不平滑处，则可以手动单击生成定位点。
>
> （3）如果在操作过程中由于失误在没有完成选区选择时就已闭合选区，则可以勾选属性栏中的"添加选区"复选框，再一次使用磁性套索工具完成任务。

5.3.4　单一背景对象抠图

魔棒工具用来快速创建与图像颜色相近的选区，像素之间可以是连续的，也可以是不连续的。

参数说明如下。

- 容差：设置选取颜色范围的近似程度，数值越小，选取的范围越小。
- 消除锯齿：使选区边缘平滑，一般默认勾选。
- 连续：在勾选此项时，只能选择邻近区域中的相同像素；反之，可以选择图像中符合像素要求的所有区域，一般默认勾选。
- 对所有图层取样：如果未勾选此项，则只对当前图层有效；如果勾选此项，则对所有图层有效。

5.3.4　实践任务：使用"魔棒工具"抠取靠枕

实践任务

使用魔棒工具抠取靠枕，靠枕抠取前后的效果如图 5-15 所示。

图5-15 靠枕抠取前后的效果

操作步骤

第1步：打开素材

打开"靠枕"图像素材。

第2步：选取背景区域

使用工具箱中的魔棒工具，在选项栏中将"容差"设置为20，将选区模式设置为"添加到选区"，通过多次单击图像背景区域的方式建立靠枕所在背景的选区。

第3步：反向选择并复制抱枕

选择"选择"→"反向"命令，获得靠枕的选区并复制、粘贴，产生"图层1"图层，隐藏"背景"图层。

第4步：保存文件

完成靠枕的抠取，保存文件。

5.3.5 精细对象抠图

5.3.5 实践任务：使用"钢笔工具"抠取手机

钢笔工具适用于边界复杂、加工精度高的图像的抠取。

在使用钢笔工具的过程中，涉及一个非常重要的概念——路径。路径是在图像中使用钢笔工具或形状工具创建的贝塞尔曲线轮廓，多用于绘制矢量图形或对图像的某个区域进行精确抠图。假如我们要在复杂的场景中使用钢笔工具抠取如图5-16左侧所示的小鸭，则要建立如图5-16右侧所示的小鸭轮廓，即小鸭所在区域的路径。路径的基本元素包括路径、锚点、方向线和方向点，如图5-17所示。

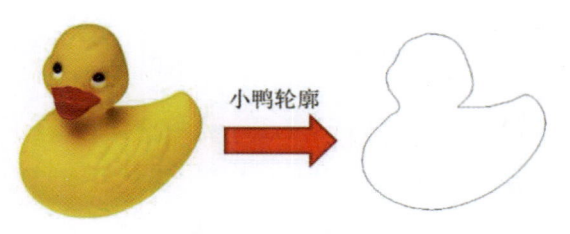

图5-16 小鸭轮廓

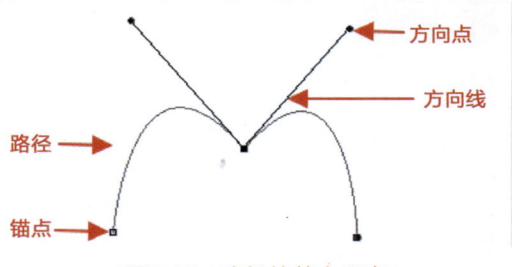

图5-17 路径的基本元素

使用钢笔工具可以绘制直线路径、曲线路径及直线与曲线相组合的路径,下面分别介绍三类路径的绘制方法。

1)直线路径的绘制

选择钢笔工具后,单击进行绘制。每次单击会添加一个锚点,两个相邻的锚点之间会产生一条直线路径。如果是绘制多条不连续的路径,则在绘制好一条路径后,先按住 Ctrl 键并单击空白处,再绘制下一条路径。在绘制直线路径的同时按住 Shift 键,可以使绘制的路径呈水平、垂直或45°。W 形的直线路径如图 5-18 所示。

2)曲线路径的绘制

选择钢笔工具后,拖动鼠标指针进行绘制。先单击确定第一个锚点,再在画布上按住鼠标左键并拖曳,就可以绘制出平滑的曲线。S 形的曲线路径如图 5-19 所示。

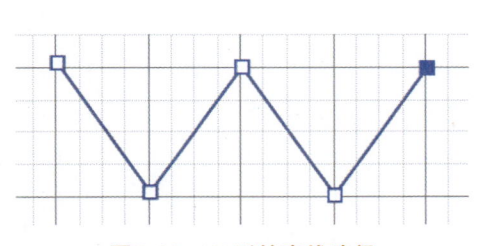

图5-18 W 形的直线路径

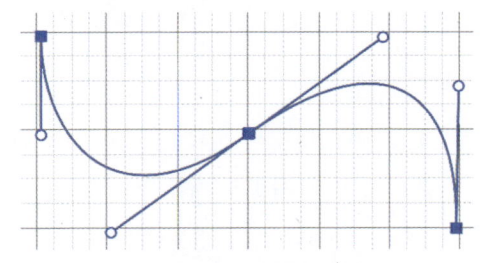

图5-19 S 形的曲线路径

3)直线与曲线相组合的路径的绘制

结合直线路径和曲线路径的绘制方法就可以进行直线与曲线相组合的路径的绘制。瓶子形状的直线与曲线相组合的路径如图 5-20 所示。

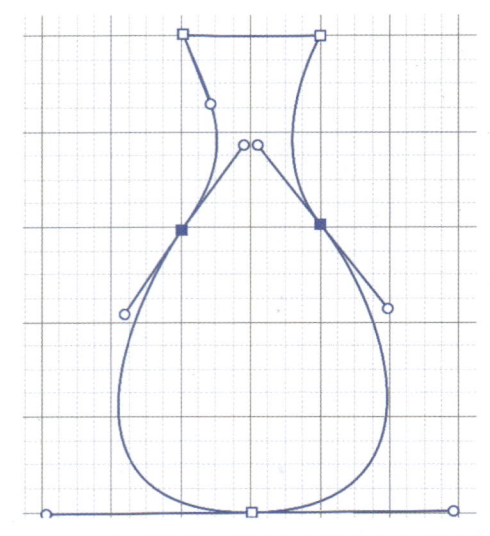

图5-20 瓶子形状的直线与曲线相组合的路径

实践任务

使用钢笔工具抠取手机,手机抠取前后的效果如图5-21所示。

图5-21 手机抠取前后的效果

操作步骤

第1步:打开素材

打开"手机"图像素材。

第2步:使用钢笔工具绘制路径

选择"手机"图像素材,使用Ctrl++组合键适当地放大图像,以便能够清晰地看到图像的边缘。使用工具箱中的钢笔工具,选择手机左侧一个比较平坦的位置作为起点并单击,在直线将近结束的地方再次单击,建立一条直线路径。在圆弧将近结束的地方拖动鼠标指针,建立与前一锚点相连的曲线路径,当曲线没有很好地与手机边缘贴合时,可以在钢笔工具状态下按住 Alt 键，将钢笔工具暂时转换为转换点工具以调整方向线。按住 Ctrl 键，将钢笔工具暂时转换为直接选择工具以调整锚点的位置。继续使用同样的方法完成完整手机轮廓路径的绘制。

> 说明：在使用钢笔工具绘制路径的过程中，如果鼠标指针下方带有一个加号，则表示可以单击添加锚点；如果鼠标指针下方带有一个减号，则表示可以单击删除锚点。

第 3 步：保存路径

路径绘制完成后，在"路径"面板中双击"工作路径"选项，重命名路径并保存。

第 4 步：将路径转换为选区

在手机路径上右击，在弹出的快捷菜单中选择"建立选区"命令，在弹出的"建立选区"对话框中将羽化半径设置为 1 像素。

第 5 步：抠取选区

返回"图层"面板，确定选中"背景"图层，复制、粘贴选区，产生"图层 1"图层，隐藏"背景"图层。

第 6 步：保存文件

完成手机的抠取，保存文件。

小贴士

（1）抠图之前适当地放大图像，可以清晰地看到抠取对象的边缘。

（2）路径的第一个锚点最好选择在比较平坦的位置，方便后面的衔接和收尾。

（3）在绘制路径的过程中及时结合使用 Ctrl 键和 Alt 键。按住 Ctrl 键，可以暂时将钢笔工具转换为直接选择工具；按住 Alt 键，可以暂时将钢笔工具转换为转换点工具。

（4）锚点的个数越少越好。锚点数量的增加不仅会增加绘制的步骤，而且不利于后期的修改。

（5）及时保存路径，以便修改和重复使用。

（6）保持足够的耐心。

5.3.6 发丝人像抠图

5.3.6 使用通道等工具抠取长发女生

通道是非常强大的抠图工具，可以通过它先将选区存储为灰度图像，再使用各种绘画工具、选择工具和滤镜来编辑通道，从而抠出精确的图像。由于可以使用许多重要的功能编辑通道，因此在通道中对选区进行操作时，要求操作者具备融会贯通的能力。

实践任务

使用通道等工具抠取长发女生，长发女生抠取前后的效果如图5-22所示。

图5-22　长发女生抠取前后的效果

操作步骤

第1步：打开素材

打开"长发女生"图像素材。

第2步：复制蓝色通道

打开"通道"面板，选择"蓝"通道并右击，在弹出的快捷菜单中选择"复制通道"命令，产生"蓝拷贝"通道。

第3步：通道反相处理

隐藏"蓝拷贝"之外的通道，选择"蓝拷贝"通道，选择"图像"→"调整"→"反相"命令（或直接使用Ctrl+I组合键）。

第4步：使用"曲线"命令设置黑色背景

选择"图像"→"调整"→"曲线"命令（或直接使用Ctrl+M组合键），弹出"曲线"对话框。先在曲线右上方三分之一某处单击以添加一个点，并向上拖动，再在曲线左下方三分之一某处单击以添加一个点，并向下拖动，增强图像的明暗对比度。单击"在图像中取样以设置黑场"按钮，在图像背景左上方某处单击。

第5步：使用"曲线"命令调整部分偏灰背景

使用工具箱中的套索工具，将羽化设置为"3像素"，圈选图像右下方偏灰的背景部分。选择"图像"→"调整"→"曲线"命令，继续设置选区黑场。如果一次操作没有完全将偏灰背景变黑，则可以重复操作，直至达到满意的效果。

第 6 步：使用减淡工具提亮发梢

放大图像，使用工具箱中的减淡工具，将选项栏中的"范围"设置为"高光"，适当调整画笔的粗细，在发梢部分涂抹。

第 7 步：使用加深工具将暗部变得更暗

使用工具箱中的加深工具，将选项栏中的"范围"设置为"阴影"，适当调整画笔的粗细，对前面减淡工具已处理过的区域的暗部进行加深操作。

第 8 步：使用钢笔工具创建选区，填充白色

使用工具箱中的钢笔工具，绘制人物百分之百需要抠取部分的路径，保存路径并创建选区。将"前景色"设置为白色，填充选区。

第 9 步：复制人物选区

按住 Ctrl 键，单击"蓝拷贝"通道，建立人物选区，回到 RGB 通道，选择"背景"图层，复制、粘贴选区范围内的图像，产生"图层 1"图层，隐藏"背景"图层，完成人物抠取。

第 10 步：将人物选区移动到背景图像中

打开"背景"图像素材，使用工具箱中的移动工具将人物选区移动到背景图像当中。

第 11 步：保存文件

完成长发女生的抠取，保存文件。

5.3.7 半透明对象抠图

5.3.7 实践任务：使用"图层蒙版"功能抠取透明玻璃杯

在网店装修的过程中，如玻璃杯等透明或半透明商品也是一种典型的抠取对象，使用图层蒙版功能可以快速将其抠取出来。

实践任务

使用图层蒙版功能抠取透明玻璃杯，玻璃杯抠取前后的效果如图 5-23 所示。

操作步骤

第 1 步：打开素材

打开"玻璃杯"图像素材。

第 2 步：添加图层蒙版

复制"背景"图层，产生"背景 拷贝"图层，为该图层添加图层蒙版。

第 3 步：使用图层蒙版进行抠图处理

选择"背景 拷贝"图层，全选（或直接使用 Ctrl+A 组合键）并复制（或直接使用 Ctrl+C

组合键）图层内容。按住 Alt 键单击图层蒙版，将玻璃杯图层内容粘贴（或直接使用 Ctrl+V 组合键）到对应的图层蒙版，选择"图像"→"调整"→"反相"命令（或直接使用 Ctrl+I 组合键）；回到"背景"图层并将其隐藏，查看效果，可以多次复制"背景 拷贝"及对应的图层蒙版以加强抠图效果。

第4步：保存文件

完成玻璃杯的抠取，保存文件。

图5-23　玻璃杯抠取前后的效果

5.4　商品图像优化处理

5.4.1　裁剪照片尺寸

5.4.1　实践任务：使用"裁剪工具"精确裁减照片

当只需要照片中某一个部分图像的时候，可以通过裁剪工具裁剪照片中不需要的部分。

实践任务

使用裁剪工具精确裁剪照片，照片裁剪前后的效果如图 5-24 所示。

图5-24　照片裁剪前后的效果

操作步骤

第 1 步：打开素材

打开"裁剪照片尺寸"图像素材。

第 2 步：使用裁剪工具裁剪照片

使用工具箱中的裁剪工具，在图像上单击，通过拖动裁剪框的四个角或边缘，确定裁剪的范围。在裁剪的过程中，可以根据需要在选项栏中设置长宽比例，如果没有填写数值，则表示裁剪比例不受限制，可以自由裁剪。

第 3 步：完成裁剪，保存文件

裁剪完成后按回车键确定，最后保存文件。

5.4.2 矫正倾斜的照片

5.4.2 实践任务：使用"裁剪工具"校正倾斜的图像

裁剪工具不仅可以精确裁剪照片，还可以用于倾斜图像的矫正。

实践任务

使用裁剪工具矫正倾斜的图像，倾斜图像矫正前后的效果如图 5-25 所示。

图5-25　倾斜图像矫正前后的效果

操作步骤：

第 1 步：打开素材

打开"矫正倾斜的照片"图像素材。通过观察发现，图像中的模特发生了倾斜。

第 2 步：使用裁剪工具拉直图像

使用工具箱中的裁剪工具，单击选项栏中的"拉直"按钮，向模特倾斜的方向画一条直线，图像自动完成矫正。同时可以在选项栏中设置长宽比例，进一步进行图像长宽比例的调整。

第 3 步：保存文件

图像矫正后按回车键确定，最后保存文件。

5.4.3 去除商品图片水印

5.4.3 使用"仿制图章工具"去除水印

仿制图章工具可以十分轻松地复制整个图像或部分图像，原理类似于现在流行的生物技术——克隆。它是一个很好用的工具，也是一个神奇的工具。

实践任务

使用仿制图章工具去除水印，水印去除前后的效果如图 5-26 所示。

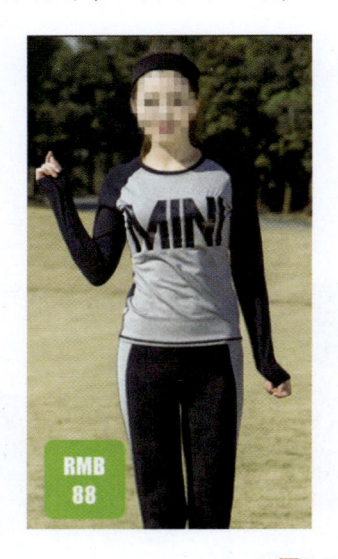

图5-26 水印去除前后的效果

操作步骤

第 1 步：打开素材

打开"去除商品图片水印"图像素材。

第 2 步：选取源

使用工具箱中的仿制图章工具，按住 Alt 键，单击人物右下方的地面区域。

第 3 步：复制源

将鼠标指针移动到图片左侧的水印区域，在水印区域上下移动。

第 4 步：选取其他源

重新按住 Alt 键，单击选择人物右下方的地面区域。

第 5 步：复制其他源

再次将鼠标指针移动到图片左侧的水印区域，在水印区域上下移动。重复此步骤，直至水印去除。

第 6 步：保存文件

完成图片中水印的去除，保存文件。

> 💡 **小贴士**
>
> （1）仿制图章工具用到了画笔笔刷，笔刷的直径将影响绘制范围，笔刷的软硬度将影响绘制区域的边缘。一般建议使用较软的笔刷，这样绘制出来的区域与原图像可以比较好地融合。
>
> （2）使用键盘上英文状态下的左中括号键"["和右中括号键"]"可以对画笔笔刷的大小进行自由缩放。

5.4.4 去除人物脸上的痣

5.4.4 实践任务：使用"污点修复画笔工具"去除人物脸上的痣

污点修复画笔工具可以轻松地修复图像中的瑕疵，常用来快速修复图像。该工具的使用非常简单，只需要将鼠标指针移动到要修复的位置，按住鼠标左键并拖动即可对图像进行修复。

实践任务

使用污点修复画笔工具去除人物脸上的痣，人物去痣前后的效果如图 5-27 所示。

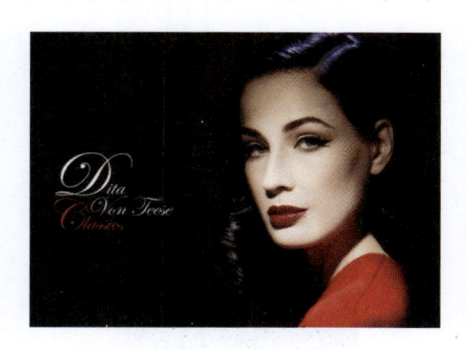

图 5-27　人物去痣前后的效果

操作步骤

第1步：打开素材

打开"去除人物脸上的痣"图像素材。

第2步：放大图像视图

使用 Ctrl++组合键将图像放大至合适的大小。

第3步：使用污点修复画笔工具去痣

使用工具箱中的污点修复画笔工具，将鼠标指针移动到模特脸上痣的位置，按左中括号键"["或右中括号键"]"将笔刷调整至合适的大小，在模特脸上的痣处单击，模特脸上的痣就消失了。

第4步：保存文件

完成人物脸上的痣的去除，保存文件。

> 小贴士
>
> （1）使用污点修复画笔工具修复图像时，最好将笔刷的直径调整得比污点大一些。
>
> （2）污点修复画笔工具主要用于对较细小污点的处理，如去斑、去痘、去小块污渍等。

5.4.5 消除人物的眼袋

5.4.5 实践任务：使用"修补工具"消除人物的眼袋

修补工具可以用其他区域或图案中的像素来修复选中的区域，可以将样本像素的纹理、光照和阴影与源像素进行匹配。一般用于修复人脸部的眼袋、黑眼圈、皱纹或污点。

实践任务

使用修补工具消除人物的眼袋，消除人物眼袋前后的效果如图5-28所示。

图5-28 消除人物眼袋前后的效果

操作步骤：

第 1 步：打开素材

打开"消除人物的眼袋"图像素材。

第 2 步：放大图像视图

使用 Ctrl++组合键将图像放大至合适的大小。

第 3 步：修补左眼眼袋

使用工具箱中的修补工具，在左眼下方的眼袋区域创建一块选区，将其移动到用于修补的区域。重复操作，进一步进行细化处理，直到达到理想的效果。

第 4 步：修补右眼眼袋

使用同样的方法消除人物右眼的眼袋。

第 5 步：保存文件

完成人物眼袋的消除，保存文件。

> 💡 **小贴士**
>
> （1）在使用修补工具的过程中，要区分要修补的区域和用于修补的区域。
>
> （2）在使用修补工具的过程中，要修补的区域和用于修补的区域能自动融合。

5.4.6 模特瘦脸瘦身

Photoshop 的液化工具常用于后期处理人像的细节部位，可以将人的身形、面部和服装等调整得非常完美。

液化工具箱中有 12 种工具，如图 5-29 所示。这些工具的功能如下。

5.4.6 实践任务：使用"液化工具"对模特瘦脸瘦身

图5-29 液化工具箱

- 向前变形工具：使用该工具可以移动图像中的像素，得到变形的效果。
- 重建工具：使用该工具在变形的区域单击或拖动鼠标指针进行涂抹，可以使变形区域的图像恢复到原始状态。
- 平滑工具：使用该工具可以使画面边缘更加平滑。
- 顺时针旋转扭曲工具：使用该工具在图像中单击或移动鼠标指针时，图像会被顺时针旋转扭曲。按住 Alt 键单击，图像会被逆时针旋转扭曲。
- 褶皱工具：使用该工具在图像中单击或移动鼠标指针时，可以使像素向画笔中间区域的中心移动，使图像产生收缩的效果。
- 膨胀工具：使用该工具在图像中单击或移动鼠标指针时，可以使像素向画笔中心区域以外的方向移动，使图像产生膨胀的效果。
- 左推工具：使用该工具可以使图像产生挤压变形的效果。
- 冻结蒙版工具：使用该工具可以在预览窗口绘制出冻结区域，在调整时，冻结区域内的图像不受变形工具的影响。
- 解冻蒙版工具：使用该工具涂抹冻结区域能够解除该区域的冻结。
- 脸部工具：使用该工具可以自动识别脸部，然后调整眼睛、鼻子、嘴唇和脸部形状。
- 抓手工具：提高图像的显示比例后，可以使用该工具移动图像，以观察图像的不同区域。
- 缩放工具：使用该工具在预览区域中单击可以提高图像的显示比例。按住 Alt 键在该区域中单击可以减小图像的显示比例。

实践任务

使用液化工具对模特进行瘦脸瘦身，模特瘦脸瘦身前后的效果如图 5-30 所示。

图5-30　模特瘦脸瘦身前后的效果

操作步骤

第 1 步：打开素材

打开"模特瘦脸瘦身"图像素材。

第 2 步：复制图层

为保护原图层，复制"背景"图层，产生"背景 拷贝"图层，在此图层中进行处理，隐藏"背景"图层。

第 3 步：使用液化工具瘦脸

选择"滤镜"→"液化"命令，弹出"液化"对话框，使用脸部工具调整眼睛、鼻子、嘴唇和脸部的形状。

第 4 步：使用液化工具瘦身

使用向前变形工具调整模特的身体部分，美化模特身材。使用平滑工具使其边缘平滑。

第 5 步：保存文件

完成模特瘦脸瘦身，保存文件。

5.4.7　模特磨皮美白

5.4.7　使用通道、计算等工具对模特磨皮美白

使用通道、计算等工具实现人物磨皮美白是图像处理的常见操作。

实践任务

使用通道、计算等工具对模特进行磨皮美白，模特磨皮美白前后的效果如图 5-31 所示。

图5-31　模特磨皮美白前后的效果

操作步骤

第1步：打开素材

打开"模特磨皮美白"图像素材。

第2步：复制图层

为保护原图层，复制"背景"图层，产生"背景 拷贝"图层，在此图层中进行处理，隐藏"背景"图层。

第3步：复制蓝通道并进行图像计算

打开"通道"面板，选择"蓝"通道并右击，在弹出的快捷菜单中选择"复制通道"命令，产生"蓝拷贝"通道。为了使眼睛、嘴巴部分不受影响，使用灰色在相应部位进行涂抹。选择"滤镜"→"其他"→"高反差保留"命令（半径为默认值10像素）。选择"图像"→"计算"命令，将图层混合式模式设置为"强光"，产生"Alpha1"通道，继续选择两次"图像"→"计算"命令，产生"Alpha2"通道和"Alpha3"通道。按住Ctrl键并单击"Alpha3"通道以创建选区，选择"选择"→"反选"命令（或使用Shift+Ctrl+I组合键）反选选区。

第4步：使用曲线工具调整图像

回到RGB通道，对"背景 拷贝"图层添加"曲线"调整图层，提高图像亮度。使用Ctrl+Alt+Shift+E组合键盖印图层，产生"图层1"图层。

第5步：使用滤镜进一步处理图像

对"图层1"图层进行复制，产生"图层1拷贝"图层，选择"滤镜"→"模糊"→"表面模糊"命令，将半径设置为20像素，阈值设置为25色阶，同时将图层不透明度设置为60%。对"图层1"图层再次进行复制，产生"图层1拷贝2"图层，执行"滤镜"→"其他"→"高反差保留"命令，将半径设置为0.6像素，同时将图层混合模式设置为"线性光"。

第6步：使用污点修复画笔工具修补斑点

新建图层，产生"图层2"图层。使用污点修复画笔工具，在选项栏中将样本设置为"当前和下方图层"，对图像中的斑点进一步进行细致化处理。

第7步：保存文件

完成模特磨皮美白，保存文件。

5.5 商品照片调色

5.5.1 调出不同颜色的商品

5.5.1 使用"色相饱和度"命令调整T恤的颜色

如果一种商品有多种颜色，则可以使用"色相/饱和度"命令快速调出不同的颜色。

第 5 章　Photoshop 商品图像处理

实践任务

使用"色相/饱和度"命令调整 T 恤的颜色，T 恤颜色调整前后的效果如图 5-32 所示。

图5-32　T 恤颜色调整前后的效果

操作步骤

第 1 步：打开素材

打开"调出不同颜色的商品"图像素材。

第 2 步：使用"色相/饱和度"命令调整 T 恤颜色

选择"图像"→"调整"→"色相/饱和度"命令，打开"色相/饱和度"对话框（或使用 Ctrl+U 组合键）。单击对话框左上方的下拉小三角，选择"红色"选项。将"色相"滑块拖动至合适的位置。

第 3 步：保存文件

完成 T 恤颜色的调整，保存文件。

5.5.2　提高商品照片的饱和度

5.5.2　使用"色相饱和度"调整图层提升红富士苹果照片饱和度

饱和度即颜色的鲜艳程度，使用"色相/饱和度"命令可以提高商品照片的鲜艳程度。

实践任务

使用"色相/饱和度"命令调整苹果的饱和度，苹果调整饱和度前后的效果如图 5-33 所示。

图5-33　苹果调整饱和度前后的效果

操作步骤

第1步：打开素材

打开"提高商品照片的饱和度"图像素材。

第2步：添加"色相/饱和度"调整图层提高苹果的饱和度

选择"图层"→"创建新的填充或调整图层"→"色相/饱和度"命令，新建调整图层"色相/饱和度1"，在"属性"对话框中将"饱和度"设置为15。

第3步：保存文件

完成苹果饱和度的调整，保存文件。

小贴士

使用"调整"菜单中的命令和添加调整图层都可以实现对图像的调整，但是使用"调整"菜单中的命令会对原图片产生破坏，而调整图层不会对原图片产生破坏。

5.5.3　调整商品照片的曝光度

5.5.3　实践任务：使用"曲线"功能调整曝光不足的照片

在商品照片的拍摄过程中，由于操作、环境等原因，拍出的照片有时会出现曝光不足或曝光过度的情况，利用"亮度/对比度"、"色阶"和"曲线"等命令可以轻松修复这类问题。

实践任务

使用"曲线"命令调整曝光不足的照片，曝光不足照片处理前后的效果如图5-34所示。

操作步骤

第1步：打开素材

打开"调整商品照片的曝光度"图像素材。

第2步：使用"曲线"命令调整图像对比度

选择"图像"→"调整"→"曲线"命令，弹出"曲线"对话框，将曲线调整为S形，增加图像的对比度。

第3步：使用"曲线"命令提高图像亮度

使用相同的方法再次打开"曲线"对话框，将曲线调整为倒U形，提高图像的亮度。

第4步：保存文件

完成曝光不足照片的调整，保存文件。

图5-34　曝光不足照片处理前后的效果

小贴士

在Photoshop中，曲线调色工具被誉为"调色之王"，它可以用来替换大多数调色工具。常用的调色线型如下。

1）提亮（倒U形曲线）

倒U形曲线可以实现提亮，如图5-35所示。

图 5-35　倒 U 形曲线

2）压暗（U 形曲线）

U 形曲线可以实现压暗，如图 5-36 所示。

图 5-36　U 形曲线

3）提高对比度（S 形曲线）

S 形曲线可以提高图像对比度，如图 5-37 所示。

4）降低对比度（倒 S 形曲线）

倒 S 形曲线可以降低图像对比度，如图 5-38 所示。

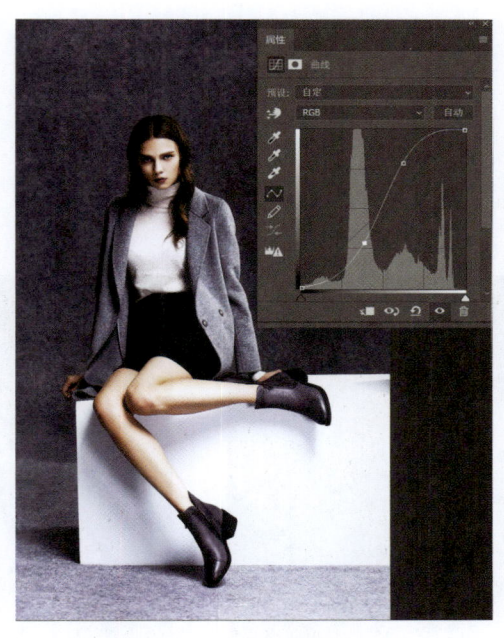

图 5-37　S 形曲线

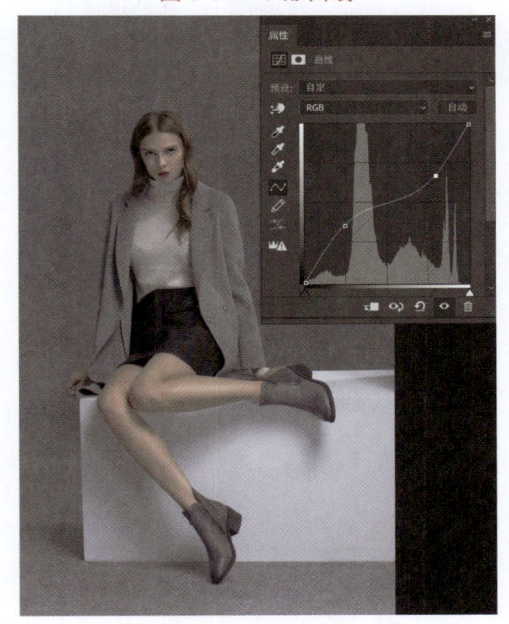

图 5-38　倒 S 形曲线

5.5.4　调出单色调照片

使用"黑白"命令或调整图层可以将彩色照片转换为单色照片。

5.5.4　使用"黑白"命令将彩色婚纱照片处理成单色照片

实践任务

使用"黑白"命令将彩色婚纱照片转换为单色照片,将彩色婚纱照片转换为单色照片前后的效果如图5-39所示。

图5-39 将彩色婚纱照片转换为单色照片前后的效果

操作步骤

第1步:打开素材

打开"调出单色调照片"图像素材。

第2步:使用"黑白"命令将照片处理成单色

选择"图像"→"调整"→"黑白"命令,弹出"黑白"对话框,照片瞬间变成黑白。将红色滑块拖动到13%,勾选"色调"复选框,通过右侧的拾色器选择一种颜色(或通过拖动"色相"滑块和"饱和度"滑块设置色彩)。

第3步:保存文件

完成彩色婚纱照片向单色照片的转换,保存文件。

本章关键词

基本概念;基础操作;抠图;图像优化处理;照片调色。

本章习题

一、单选题

1. Photoshop 图像的最小单位是（　　）。
   A．位　　　　　　　B．密度　　　　　　C．像素　　　　　　D．路径

2. （　　）图像文件格式中包含了图层、通道和路径等信息。
   A．JPEG　　　　　　B．GIF　　　　　　　C．PSD　　　　　　　D．PNG

3. 在 Photoshop 中放大视图的快捷键是（　　）。
   A．Ctrl++　　　　　B．Ctrl+-　　　　　C．Ctrl+X　　　　　D．Ctrl+U

4. 对于椭圆选框工具，在拖动选区的过程中按住（　　）快捷键可以创建以某一点为中心的圆形选区。
   A．Ctrl+Shift　　　B．Ctrl+-　　　　　C．Shift　　　　　　D．Alt+Shift

5. 抠取各区域色彩相近而形状复杂的图像可以使用（　　）。
   A．多边形套索工具　B．魔棒工具　　　　C．通道　　　　　　D．钢笔工具

6. 抠取多边形规则对象可以使用（　　）。
   A．磁性套索工具　　　　　　　　　　　　B．选框工具
   C．多边形套索工具　　　　　　　　　　　D．通道

7. 抠取精细对象可以使用（　　）。
   A．钢笔工具　　　　　　　　　　　　　　B．魔棒工具
   C．多边形套索工具　　　　　　　　　　　D．选框工具

8. 在使用仿制图章工具、污点修复画笔工具的过程中，都会涉及画笔大小的设置问题，为操作方便，我们可以在英文输入法状态下使用（　　）快捷键进行放大和缩小操作。
   A．"{"和"}"　　　B．"("和")"　　　C．"["和"]"　　　D．"+"和"-"

9. 以下可以修改某款商品的颜色的是（　　）。
   A．色相　　　　　　B．饱和度　　　　　C．明度　　　　　　D．亮度

10. 使用 Photoshop 中的（　　）命令可以将彩色照片转换为单色照片。
    A．反相　　　　　　B．黑白　　　　　　C．曲线　　　　　　D．曝光度

二、判断题

1. 使用 Photoshop 中的裁剪工具可以调整倾斜的照片。　　　　　　　　　　　　（　　）

2. 在 Photoshop 中保存 JPEG 图像的过程中，会弹出"JPEG 选项"对话框，其中，设置的品质越高，文件越大。　　　　　　　　　　　　　　　　　　　　　　　　　（　　）

3. 在使用钢笔工具抠图的过程中绘制的锚点个数可以任意。　　　　　　　　　　（　　）

4. 在使用通道抠取发丝人像的过程中需要先选择任意一个通道进行复制。（   ）

5. 使用污点修复画笔工具可以快速去除一些细小的污点。（   ）

6. 高光是指图像中暗部的区域。（   ）

7. "色阶"命令和"曲线"命令在一定程度上可以实现相同的功能。（   ）

8. 当拍摄的照片光线不足时，可以使用"亮度/对比度"命令进行调整。（   ）

9. 在利用直方图调整图像色彩的过程中，有4种形状的曲线经常被使用，它们的作用分别是加亮图像、压暗图像、提高图像对比度和降低图像对比度。（   ）

10. 使用液化工具可以实现对模特瘦脸瘦身。（   ）

三、实践题

应用所学知识制作商品陈列区，要求：

（1）从提供的素材中任意挑选一个商品陈列区模板。

（2）自行拍摄或从网络上获取商品图像素材（一个商品陈列区展示同一品牌或同一类型的商品），在处理后放入商品陈列区模板。

（3）为商品添加合适的文案。

（4）页面风格统一、色彩搭配合理、排版美观。

本章进一步阅读资料

1. 郭庆改. Photoshop 电商抠图+修图+调色+美化+合成五大核心技术应用[M]. 北京：清华大学出版社，2022.01.

2. 博蓄诚品. 新手学 PS 图像处理一本通：抠图·修图·合成·特效[M]. 北京：化学工业出版社，2023.01.

第 6 章

剪映商品短视频制作

学习目标

知识目标

1. 理解短视频的作用。
2. 知道短视频的应用领域。
3. 知道短视频的基本概念。
4. 知道剪映工作界面的组成。
5. 知道视频转场的概念。
6. 知道视频特效的概念。
7. 理解音频的重要性。
8. 理解字幕的重要性。

能力目标

1. 掌握剪映软件的基础操作。
2. 应用视频转场。
3. 应用视频特效。
4. 应用音频。
5. 应用字幕。
6. 提升艺术审美能力。
7. 提升创新能力。

素养目标

1. 具备良好的艺术审美能力。

2. 具备创新精神。
3. 具备认真踏实、精益求精的工匠精神。

知识思维导图

第6章 剪映短视频制作
- 短视频概述
  - 短视频的作用
  - 短视频的应用领域
  - 短视频的基本概念
- 短视频编辑基础
  - 剪映工作界面
  - 基础操作
  - 实践任务
- 视频转场
  - 视频转场的概念
  - 视频转场操作
  - 实践任务
- 视频特效
  - 视频特效的概念
  - 视频特效操作
  - 实践任务
- 音频
  - 音频的重要性
  - 音频操作
  - 实践任务
- 字幕
  - 字幕的重要性
  - 字幕操作
  - 实践任务

6.1 短视频概述

随着短视频的风靡,其在电商中逐渐成为潮流,现已成为网店商品营销的重要手段。

6.1.1 短视频的作用

短视频在网店中的作用主要表现如下。

- 提高沟通效率:短视频可以更直观、形象地把商品信息传递给消费者,有效降低卖家与消费者的沟通成本。

- 提高点击率：与传统的图文形式相比，视频、音频、特效等结合的短视频更能吸引消费者，添加短视频可以大大提高商品的点击率。
- 提高收藏加购率：添加短视频可以大大提高商品的收藏加购率。
- 提高转化率：添加短视频可以大大提高商品的转化率。

6.1.2 短视频的应用领域

短视频在速卖通平台主要应用于 3 个领域：商品领域、内容领域和店铺领域。

1．商品领域

- 主（首）图短视频：以展示商品核心卖点、功能为主，时长建议在 30s 之内。
- 详情描述短视频：以展示商品详细信息为主，如商品使用说明、生产过程展示、开箱、测评等，时长建议在 300s 之内。

2．内容领域

内容领域主要指 Feed 视频贴，可以发布多样化的短视频内容，如好货种草、开箱测评、工厂溯源、真人实拍、真实试用等。

3．店铺领域

在店铺首页中可以放展示品牌形象或工厂实体信息等的短视频，以增强消费者对店铺的信任。

6.1.3 短视频的基本概念

1．分辨率

分辨率是用于衡量图像内数据量的参数，如大家熟悉的 720P、1080P 等。720P 的分辨率是 1280 像素×720 像素，画质高清显示，而 1080P 的分辨率是 1920 像素×1080 像素，画质全高清显示。在手机等尺寸较小的设备上使用差别较小，在尺寸较大的设备上使用会有一定区别，1080P 会优于 720P。

2．视频比例

视频比例是指视频播放器播放的视频画面长度和宽度的比例，如 1:1、3:4、16:9、9:16 都是电商短视频常用的比例。

3. 帧速率

帧速率（frames per second，fps）是指画面每秒传输的帧数，通俗地讲就是指视频或动画的画面数。帧是影像动画的最小时间单位，25fps 是指每秒由 25 张画面组成，30fps 是指每秒由 30 张画面组成。

4. 文件格式

视频输出文件格式非常多，包括 MP4、MOV、AVI、FLV、3GP、WMV、MPEG 等，速卖通平台支持上传 AVI、3GP、MOV 等格式的视频，暂时不支持 WMV 格式，需要转码后上传。

6.2 短视频编辑基础

6.2.1 剪映工作界面

启动剪映桌面端软件，进入开始界面，如图 6-1 所示。

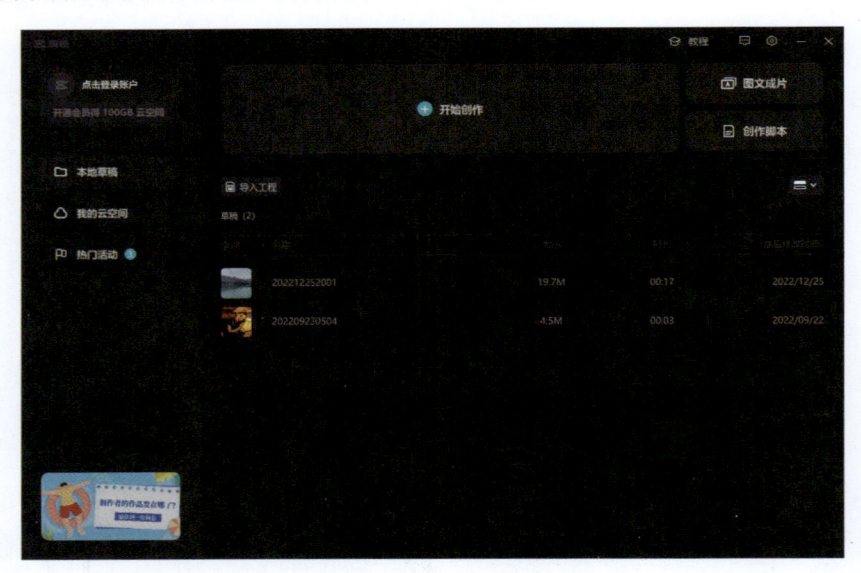

图6-1 开始界面

在开始界面单击"开始创作"按钮，进入工作界面，如图 6-2 所示。工作界面主要包括素材区域、预览区域、功能区域、时间线区域四部分。

- 素材区域主要用于导入视频、音频、图片素材。其上方是一个包含媒体、音频、文本、贴纸、特效、转场、滤镜、调节、模板等功能的菜单，选择一级菜单后，素材区域左侧显示对应的二级菜单的内容。
- 预览区域用于预览和播放视频效果。
- 功能区域用于对素材进行画面、变速、动画、跟踪、调节等操作。
- 时间线区域用于对素材进行编辑操作。

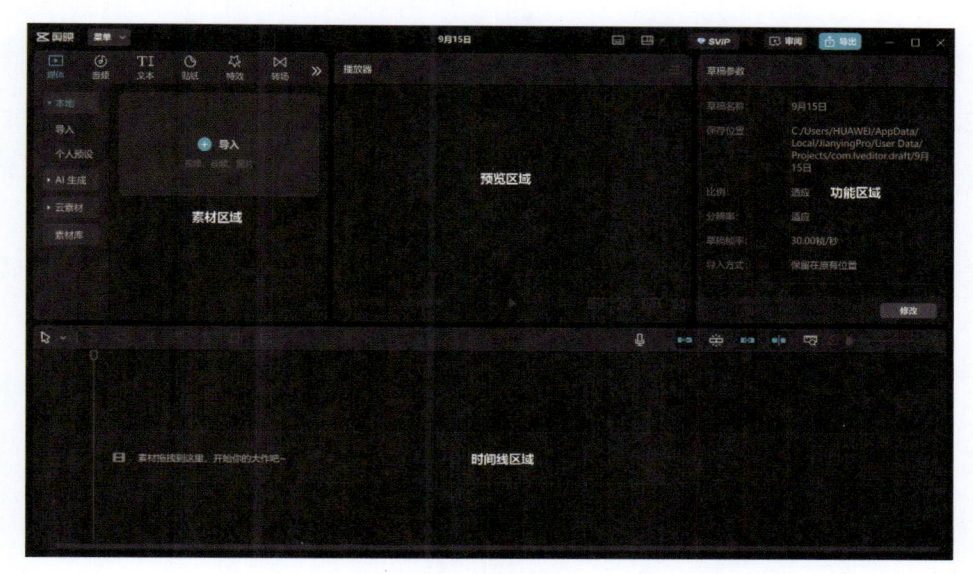

图6-2　工作界面

选择"素材库"选项，在素材库中选择一段视频并导入，导入素材后的工作界面如图 6-3 所示。

图6-3　导入素材后的工作界面

6.2.2 基础操作

1. 整理准备素材

在制作视频之前，首先需要将与主题相符合的视频、音频、图片进行筛选并整理到一个文件夹中，如果相关素材比较多，建议分类放入子文件夹，同时规范命名。

2. 导入素材

素材有三种来源："本地"、"云素材"和"素材库"，分别表示从本地计算机、个人云空间和软件自带的素材库选择素材。以"本地"为例，导入素材的方法如下。

在素材区域中选择"本地"→"导入"选项，弹出"请选择媒体资源"对话框，如图6-4所示。选择素材并打开，对应素材显示在素材区域，如图6-5所示。

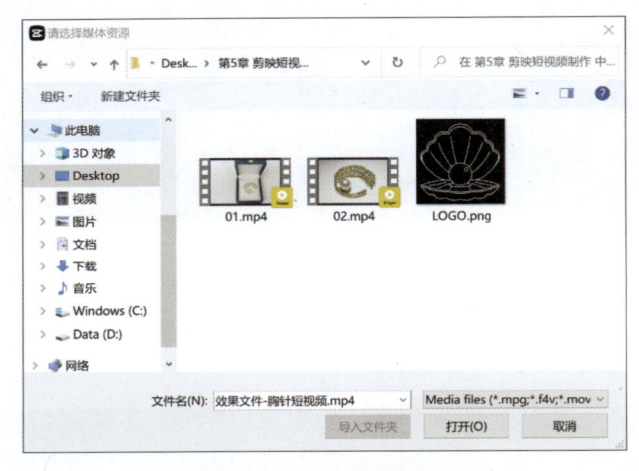

图6-4 "请选择媒体资源"对话框

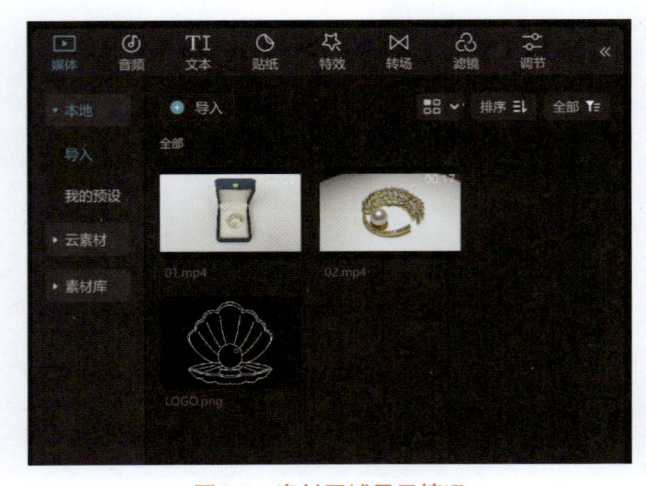

图6-5 素材区域显示情况

3. 剪辑素材

选中素材，单击右下方的"添加到轨道"按钮或将素材拖动到时间轨道中，就可以将素材添加到时间轨道中，然后根据需求对视频进行剪辑。这里先对工具栏的基础编辑操作进行介绍，包括撤销、恢复、分割、删除、定格、倒放、镜像、旋转、裁剪和智能剪口播。

- 撤销（Ctrl+Z）：取消上一步操作。
- 恢复（Ctrl+Shift+Z）：恢复被撤销的操作。
- 分割（Ctrl+B）：对一段完整的视频进行切割，形成若干个小的视频片段。
- 删除（Delete/Backspace）：删除选中的视频片段。
- 定格：将活动画面设置为静止状态。
- 倒放：将视频以倒序播放。
- 镜像：将视频以镜像的效果播放。
- 旋转：将视频按一定的角度旋转，默认每操作一次旋转 90°，也可以手动在功能区域输入旋转角度。
- 裁剪：对视频进行方向、尺寸和大小的调整。
- 智能剪口播：AI 识别口播中的无效词，一键删除完成初剪。

4. 导出视频

完成视频剪辑后，单击工作界面右上方的"导出"按钮，弹出"导出"对话框，如图 6-6 所示，设置作品名称、保存位置、分辨率等相关参数，单击"导出"按钮，等待片刻即可完成视频导出。

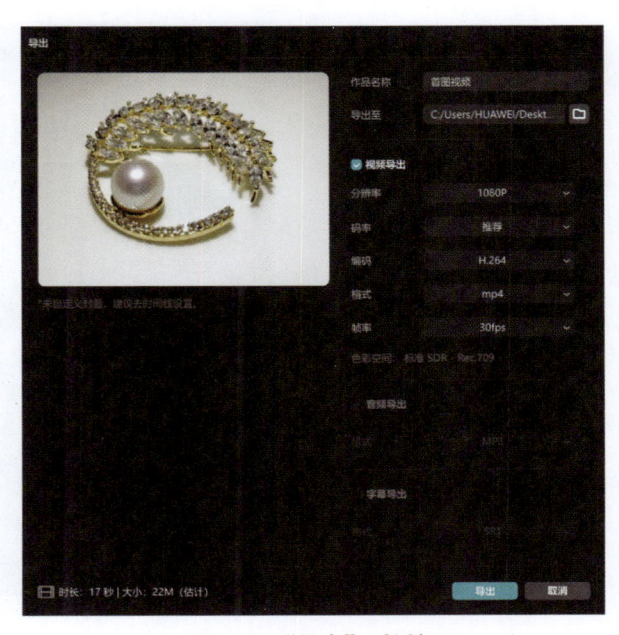

图6-6 "导出"对话框

6.2.3 实践任务

完成胸针饰品素材的导入和基础剪辑。要求画幅比例为 1:1；视频展示顺序为包装和产品展示（01.mp4）、产品 360°展示（02.mp4）、Logo 和品牌名称（LOGO.png）展示。

操作步骤

第 1 步：导入素材并将其添加到时间轨道中

从本地导入准备好的视频素材 01.mp4、02.mp4 和图片素材 LOGO.png，并且将这些素材按顺序添加到时间轨道中。

第 2 步：视频基础剪辑

在预览区域右下方将画幅比例设置为 1:1。在功能区域中选择"画面"→"基础"选项，使用"基础"选项卡中的"缩放"功能调整素材大小以适应视频画幅并移动至合适位置。根据实际情况使用时间线区域中的"切割"工具切割素材，删除不需要的画面。在功能区域中选择"变速"→"常规变速"选项，使用"常规变速"选项卡中的"时长"功能调整视频播放速度，将 01.mp4 的播放时长调整为 11s，02.mp4 的播放时长调整为 14s。根据实际情况使用功能区域中"调节"选项卡的功能对亮度、对比度等进行调整。选中图片素材 LOGO.png，通过移动尾部的白色竖条将图片的显示时长设置为 3s。

6.3 视频转场

6.3.1 视频转场的概念

视频转场也被称为视频过渡或视频切换，主要用于段落与段落、场景与场景之间素材画面的过渡。剪映自带丰富的转场效果，包括叠化、运镜、模糊、幻灯片、光效、拍摄、扭曲、故障等，如图 6-7 所示。

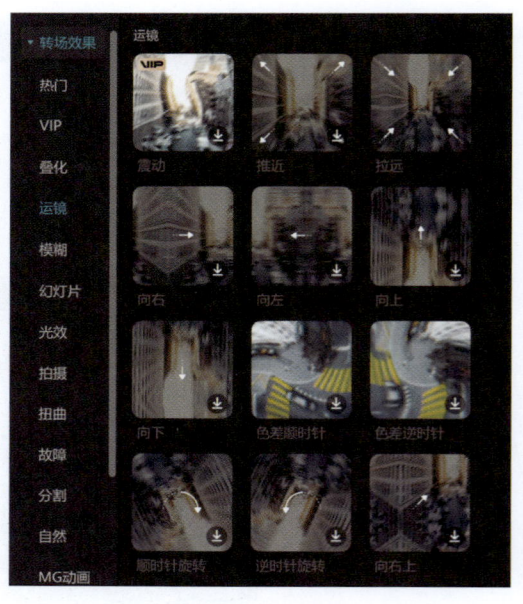

图6-7 转场效果

6.3.2 视频转场操作

1. 添加转场效果

将时间线区域中的播放头拖动到两段视频的衔接处,选中合适的转场效果,单击右下方的"添加到轨道"按钮或将其拖动到时间轨道中,就可以在两段视频之间添加转场效果,如图 6-8 所示。可以根据需要在功能区域设置转场效果的时长,如图 6-9 所示。

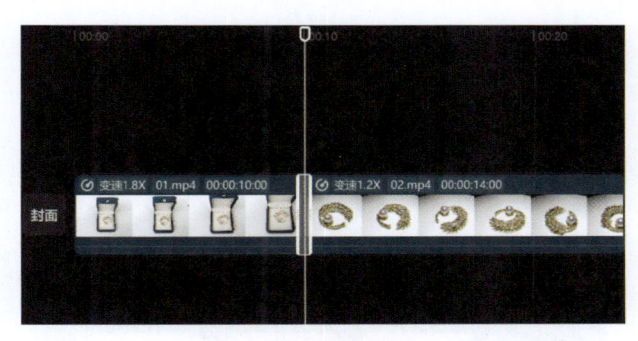

图6-8 添加转场效果

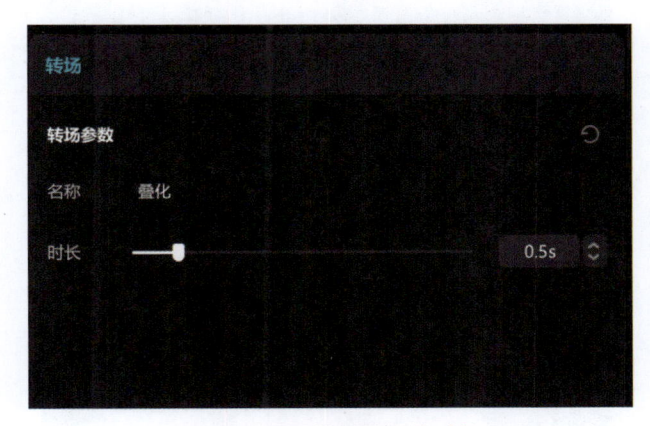

图6-9 设置转场效果的时长

2. 删除转场效果

选中已添加的转场效果并右击,在弹出的快捷菜单中选择"删除"命令,或者使用 Delete 键或 Backspace 键,即可删除转场效果。

6.3.3 实践任务

在两段视频之间添加"闪白"转场效果。

操作步骤

将时间线区域中的播放头拖动到两段视频素材的衔接处,在素材区域中选择"转场"→"叠化"选项,找到"闪白"转场效果并将其添加到时间轨道中。

6.4 视频特效

6.4.1 视频特效的概念

视频特效在非线性编辑中是一个非常重要的功能,它能够使视频拥有更加丰富多彩的视觉效果。剪映自带丰富的视频特效,包括基础、氛围、动感、DV、复古、Bling、扭曲、爱心、综艺等,如图6-10所示。

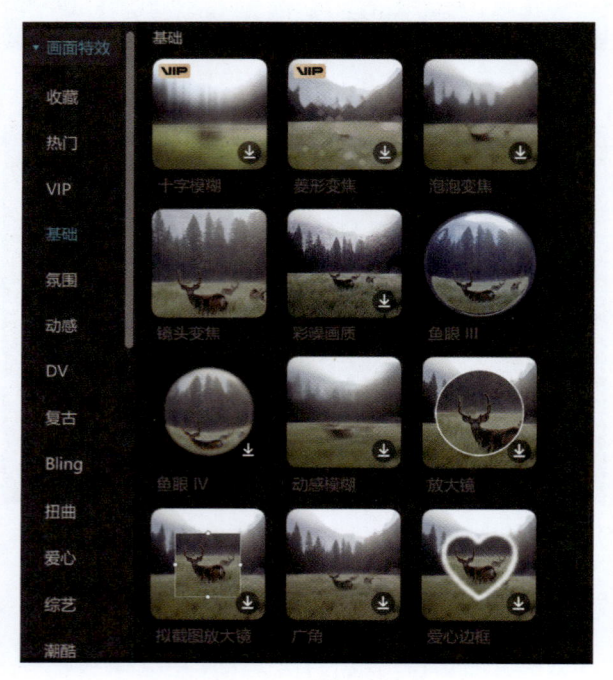

图6-10 视频特效

6.4.2 视频特效操作

1. 添加视频特效

将时间线区域中的播放头移动到需要添加特效的视频片段的某个时间节点,选中合适的特效，单击右下方的"添加到轨道"按钮或将其拖动到时间轨道中，将特效添加到相应位置，如图6-11所示。可以根据需要在功能区域设置特效的参数，如图6-12所示。

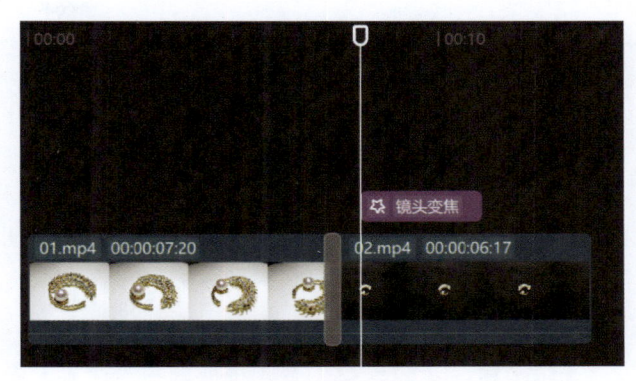

图6-11　添加视频特效

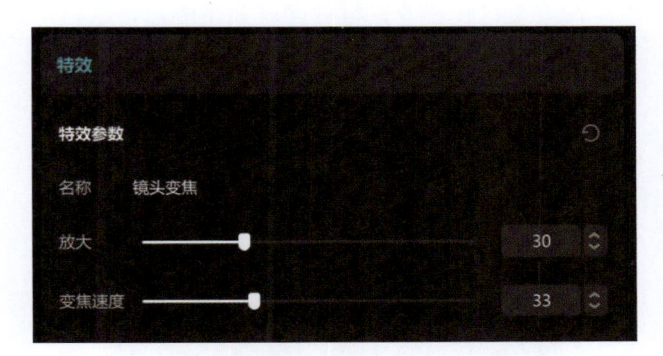

图6-12　特效参数

2．删除视频特效

选中已添加的特效并右击，在弹出的快捷菜单中选择"删除"命令，或者使用Delete键或Backspace键，即可删除特效。

6.4.3　实践任务

为Logo添加"逐渐放大"特效。

操作步骤

在功能区域中选择"画面"→"基础"选项，使用"基础"选项卡中的"缩放"功能将Logo缩小至20%左右，并且移动到正中央偏上的位置。在素材区域中选择"特效"→"热门"选项，找到"逐渐放大"特效并将其添加到时间轨道中Logo开始处。选中特效，通过移动尾部的白色竖条将其时长设置为3s。

6.5 音频

6.5.1 音频的重要性

视觉效果在视频中是第一位的，紧随其后的就是声音，声音是不可忽视的。我们可以想象一下，如果一个短视频的视觉效果具有电影般的美感，但是声音却非常糟糕，作为观众你会有什么感受？

剪映中的音频包括音乐素材、音效素材、音频提取、抖音收藏和链接下载五种类型，如图 6-13 所示，其中，音乐素材和音效素材中含有大量的自带素材。

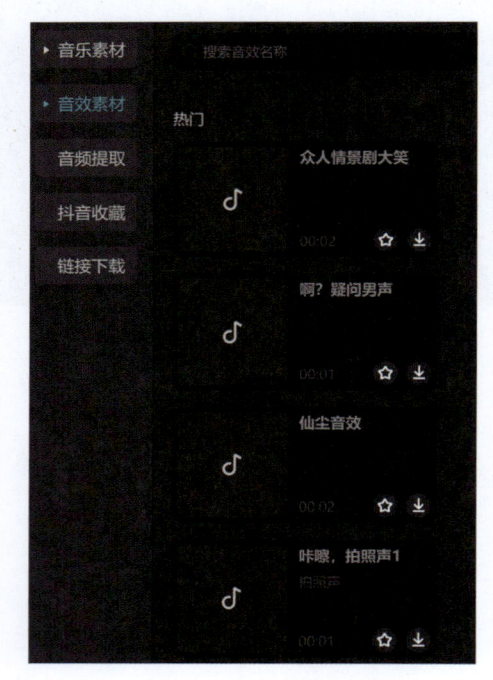

图6-13 音频

6.5.2 音频操作

1．添加音频

将时间线区域中的播放头移动到需要添加音频的开始节点，选中合适的音频，单击右下方的"添加到轨道"按钮或将音频拖动到时间轨道中,将音频添加到时间轨道的相应位置,如图6-14所示,可以根据需要在功能区域设置音频属性。

图6-14 添加音频

2. 删除音频

选中已添加的音频并右击,在弹出的快捷菜单中选择"删除"命令,或者可以使用Delete键或Backspace键,即可删除音频。

6.5.3 实践任务

基于前面操作基础,为视频添加音频《River》。

操作步骤

将时间线区域中的播放头移动到视频开始处,在素材区域中选择"音频"→"音乐素材"→"舒缓"选项,将其中的音乐"《River》(吉他曲)"添加到时间轨道中。将播放头定位在 00:00:01:00,使用"切割"工具进行切割,删除前面一段音乐,将后面的音乐移动到开始处。将播放头定位在 00:00:28:00,使用"切割"工具进行切割,删除后面的音乐。选中音乐,在功能区域中选择"音频"→"基础"选项,在"基础"选项卡中将"淡出时长"设置为2s。

6.6 字幕

6.6.1 字幕的重要性

字幕也被称为文本,是视频作品中的又一重要元素,它不仅可以快速地传递作品的信息，也可以起到美化版面的作用，使传递的信息更加直观、有效。

剪映中的字幕可以通过新建文本、花字、文字模板、智能字幕、识别歌词和本地字幕创建，如图 6-15 所示。

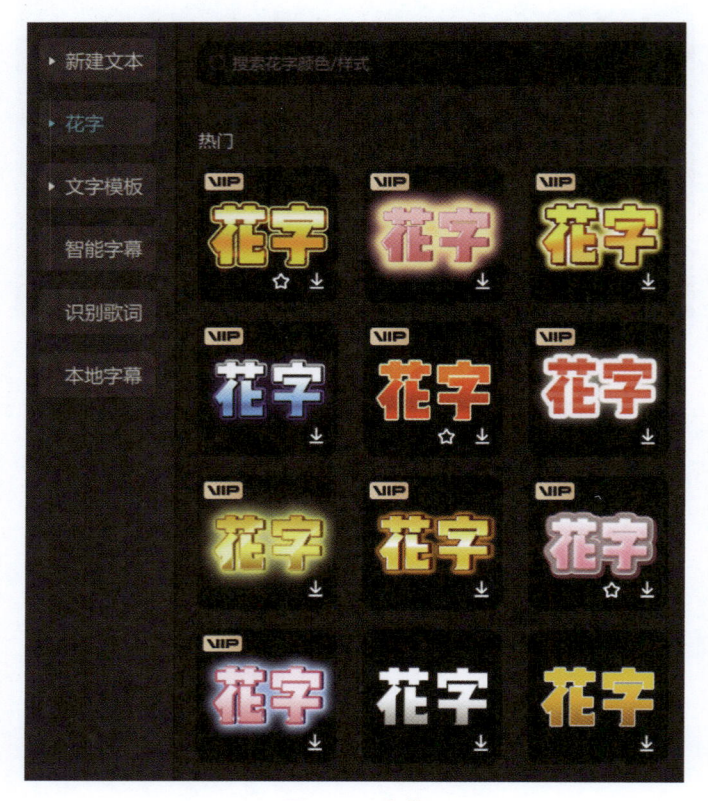

图6-15　字幕

6.6.2　字幕操作

1．添加字幕

将时间线区域中的播放头移动到需要添加字幕的开始节点，选择合适的字幕创建形式，单击右下方的"添加到轨道"按钮或将字幕拖动到时间轨道中，将字幕成功添加到时间轨道的相应位置，如图 6-16 所示。

2．删除字幕

选中已添加的字幕并右击，在弹出的快捷菜单中选择"删除"命令，或者使用 Delete 键或 Backspace 键，即可删除字幕。

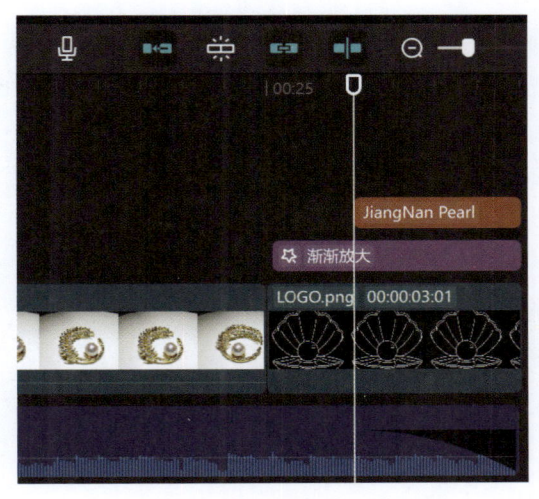

图6-16 添加字幕

6.6.3 实践任务

为视频结尾添加时长为 2s 的字幕"JiangNan Pearl",并且设置合适的入场动画。

操作步骤

将时间线区域中的播放头移动到视频 00:00:26:00 处,在素材区域中选择"文本"→"新建文本"→"默认文本"选项,将字幕添加到时间轨道中。在功能区域选择"文本"→"基础"选项,在"基础"选项卡的文本框中输入文字"JiangNan Pearl",将字体设置为"Constantia_Italic",字号设置为 13。将字幕移动到 Logo 正下方,选中字幕,在功能区域中选择"动画"→"入场"选项,在"入场"选项卡中选择"渐显"入场动画,双击添加到字幕上,将动画时长设置为 0.8s。

本章关键词

短视频;剪映;基础操作;视频转场;视频特效;音频;字幕。

本章习题

一、多选题

1. 短视频在网店中的作用主要表现为(   )。
   A. 提高沟通效率　　　　　　　　　　B. 提高点击率

  C．提高收藏加购率   D．提高转化率
 2．以下属于短视频在电商平台应用领域的是（　　）。
   A．首图短视频   B．好货种草短视频
   C．详情描述短视频   D．商品陈列短视频
 3．以下属于视频常用文件格式的是（　　）。
   A．3GP   B．AVI   C．MP3   D．MOV
 4．剪映素材的来源包括（　　）。
   A．本地计算机   B．我的收藏   C．云素材   D．素材库
 5．以下能丰富、提升视频画面效果的是（　　）。
   A．视频转场   B．视频特效   C．视频动画   D．视频贴纸

二、判断题

1．在电商平台允许的范围内，短视频时长可以长一些。（　　）
2．网店首页可以放展示品牌形象或工厂实体信息等的短视频，以增强消费者对店铺的信任。（　　）
3．视频转场中可以添加入场/出场动画。（　　）
4．短视频的画面效果和声音效果非常重要，都会影响受众的体验。（　　）
5．在电商短视频制作过程中，逻辑结构的设计非常重要。（　　）

三、实践题

  假设你准备开设一家速卖通店铺，请选择一件商品，设计并制作一个首图短视频。
  要求：视频尺寸1080像素×1080像素，时长在30s以内，大小控制在50MB以内，导出为MOV格式。

本章进一步阅读资料

  1．龙飞．剪映短视频剪辑从入门到精通：调色+特效+字幕+配音[M]．北京：化学工业出版社，2021.09．
  2．蒋珍珍．短视频电商美工：视觉营销+视频拍摄+剪辑调色+爆款制作[M]．北京：北京大学出版社，2023.03．

第三篇

网店核心模块设计

第 7 章
网店首页设计

学习目标

知识目标

1. 理解店招的作用。
2. 知道店招的尺寸、格式、元素和布局。
3. 理解导航条的作用。
4. 理解首焦图的作用。
5. 知道首焦图的尺寸、格式、主题、元素和布局。
6. 理解首焦图的设计原则。
7. 理解商品推荐模块的作用。
8. 知道商品推荐模块的设计方法和布局。
9. 理解商品推荐模块的设计要点。
10. 理解商品分类区的作用。

能力目标

1. 设计网店店招。
2. 设计网店导航条。
3. 设计网店首焦图。
4. 设计商品推荐模块。
5. 设计商品分类区。
6. 提升艺术审美能力。
7. 提升创新能力。

素养目标

1. 具备良好的艺术审美能力。
2. 具备积极的创新精神。
3. 培养认真踏实、精益求精的工匠精神。

知识思维导图

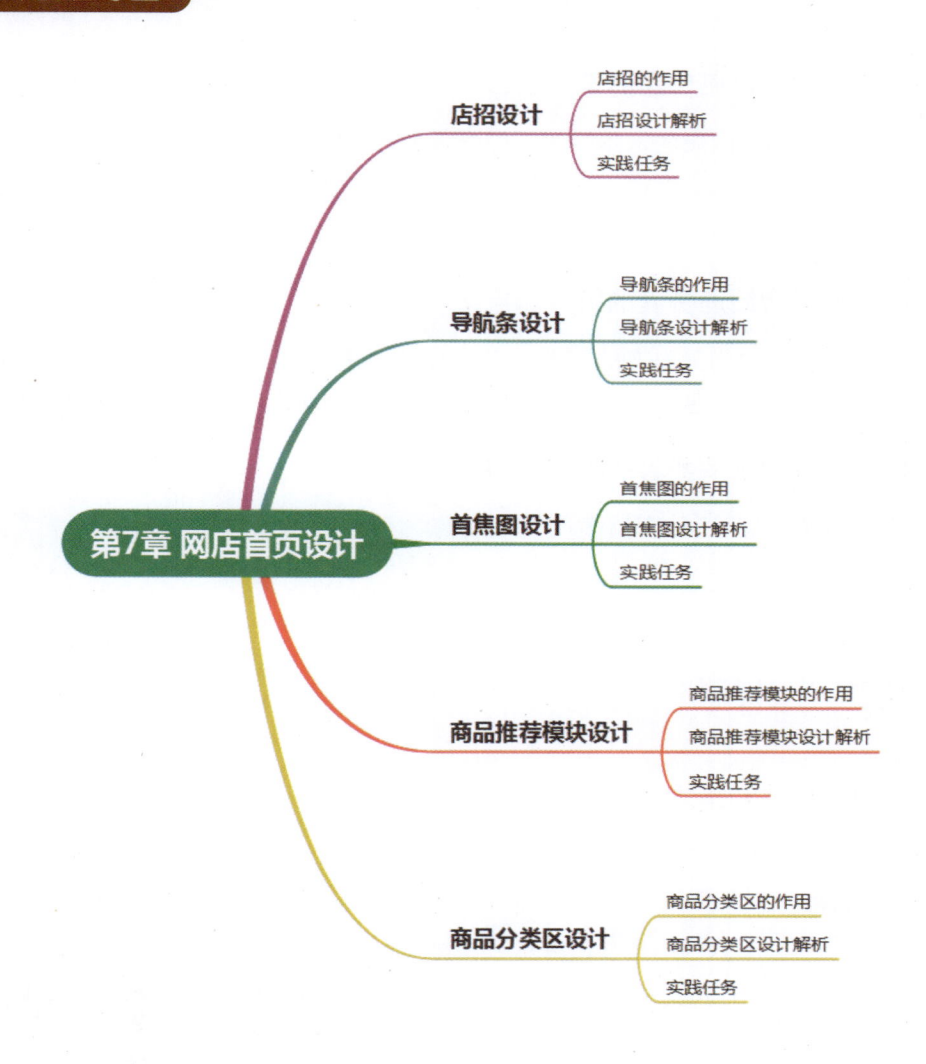

```
第7章 网店首页设计
├── 店招设计
│   ├── 店招的作用
│   ├── 店招设计解析
│   └── 实践任务
├── 导航条设计
│   ├── 导航条的作用
│   ├── 导航条设计解析
│   └── 实践任务
├── 首焦图设计
│   ├── 首焦图的作用
│   ├── 首焦图设计解析
│   └── 实践任务
├── 商品推荐模块设计
│   ├── 商品推荐模块的作用
│   ├── 商品推荐模块设计解析
│   └── 实践任务
└── 商品分类区设计
    ├── 商品分类区的作用
    ├── 商品分类区设计解析
    └── 实践任务
```

7.1 店招设计

店招即店铺招牌。实体店铺基本上都有一个招牌，网店也有自己的招牌。店招位于网店页面的最上方，是第一个需要设计的区域。要装修好自己的网店，首先要做一个醒目、个性化的店招，店招设计的好坏，直接影响消费者是否继续往下浏览网页，直接关系到网店的转化率和网店的经营。

7.1.1 店招的作用

店招的作用主要如下。

1. 店招是网店信息传递的重要窗口

店招可以用来展示网店的基本信息，如网店名称、Logo、广告语等，给消费者留下记忆并与其他网店进行区分。同时，如果网店近期有活动或商品推广，也可以在店招的醒目位置进行宣传，提升传播效果。

2. 店招是网店给消费者的第一印象

店招出现在网店页面最上方的关键位置，消费者进入网店第一眼就能看到店招。成功的店招通常采用标准的颜色和字体及简洁大气的版面布局，具有强烈的视觉冲击力。

3. 店招可以激发消费者的购买欲望

通过店招风格的设计和店招上的营销信息，可以吸引消费者并激发消费者的购买欲望。

7.1.2 店招设计解析

1. 店招的尺寸和格式

各大跨境电商平台对店招都有统一的尺寸和格式要求。速卖通平台店招的尺寸为宽度1200 像素、高度 100 像素～150 像素。建议设置为 1200 像素×150 像素，这样能够充分利用店招空间，整体上更大气，提升消费者的体验感和认可度。支持 JPG、JPEG 格式。

网店 Logo 的尺寸为高度 72 像素、宽度 72 像素～640 像素。支持 JPG、JPEG 格式，大小不得超过 2MB。

2. 店招的元素

如何在有限的空间内有效地传递信息并起到很好的宣传作用是店招设计过程中要重点考虑的问题。店招中通常包含品牌信息、商品信息、促销活动信息和其他信息。

- 品牌信息：网店 Logo、网店名称、广告语等。

- 商品信息:主营商品、主推商品等。
- 促销活动信息:大促活动、节假日活动等。
- 其他信息:关键词搜索框、服务保障、二维码、优惠券等。

案例:MARK RYDEN 官方店铺(MARK RYDEN Official Store)店招如图 7-1 所示。

分析:店招包含了品牌名称、广告语和搜索框。

图7-1　MARK RYDEN 官方店铺(MARK RYDEN Official Store)店招

案例:小米全球商城(Mi Global Store)店招如图 7-2 所示。

分析:店招包含了网店 Logo、网店名称、商品图片、商品文字介绍和搜索框。

图7-2　小米全球商城(Mi Global Store)店招

案例:大疆全球商城(DJI Global Store)店招如图 7-3 所示。

分析:店招包含了网店 Logo、网店名称、商品图片、服务保障和搜索框。

图7-3　大疆全球商城(DJI Global Store)店招

案例:亿色官方店铺(ESR Official Store)店招如图 7-4 所示。

分析:店招包含了网店 Logo、促销活动时间、促销活动力度、商品图片和搜索框。

图7-4　亿色官方商铺(ESR Official Store)店招

> 说明
> (1)店招的视觉重点不需要太多,有 1~2 个即可,其中,品牌信息不可缺少,要让消费者一看到就知道网店经营的内容。
> (2)可以根据需要适时更新店招,要合理利用黄金广告位,提高网店的点击率和流量。

3. 店招的布局

在店招设计过程中可以将店招划分为左、中、右三个区域。通常将搜索框放置在店招右侧区域,左侧和中间区域放置品牌信息或活动信息。

7.1.3 实践任务

现有一家经营珍珠饰品的公司，计划开设一家全球速卖通店铺，设计和制作如图 7-5 所示的店招。

7.1.3 实践任务：珍珠饰品店铺店招设计与制作

图7-5 珍珠饰品速卖通店铺店招

操作步骤

第 1 步：新建文件

新建一个大小为 1200 像素×120 像素、分辨率为 72 像素/英寸的文件，并且命名为"珍珠饰品店铺店招"。

第 2 步：设置背景颜色

在工具箱中将"背景色"设置为 RGB（160，22，22），使用 Ctrl+Delete 组合键将背景颜色设置为红色。

第 3 步：添加网店 Logo

打开"LOGO"文件，将 Logo 移入店招文件，通过自由变换功能（Ctrl+T 组合键）调整 Logo 大小，使用移动工具将 Logo 移动到画布的中间位置。

第 4 步：添加网店名称

选择英文字体"Gabriola"，将字号设置为"30 点"，字距设置为 75，加粗，输入文字"JiangNan Pearl Global Store"并移动到合适的位置。同时选择背景、Logo 和文字图层，在工具箱中将对齐方式设置为"水平居中对齐"。

第 5 步：保存文件

完成店招的设计和制作，保存文件。

7.2 导航条设计

导航条位于店招的下方，与店招一起组成了首页的页头部分。

7.2.1 导航条的作用

导航条可以让消费者更方便地找到他们所需要的商品，减少消费者的时间浪费，提高他们购买欲望，促进交易完成。

7.2.2 导航条设计解析

速卖通平台的导航条操作非常简单，只需要进入后台页面编辑即可。在导航条中最多可以设置 8 项一级内容，其中，Store Home、Products、Sale Items、Top Selling、Feedback、Brand Story（仅官方店）不支持编辑和删除，其他内容支持自定义设置，最多可以添加 2 个自定义导航栏目。

案例：LZH 官方店铺（LZH Official Store）导航条如图 7-6 所示。

图7-6　LZH 官方店铺（LZH Official Store）导航条

案例：大疆全球商城（DJI Global Store）导航条如图 7-7 所示。

图7-7　大疆全球商城（DJI Global Store）导航条

案例：亿色官方店铺（ESR Official Store）导航条如图 7-8 所示。

图7-8　亿色官方店铺（ESR Official Store）导航条

7.2.3 实践任务

7.2.3　珍珠饰品店铺导航条设计与制作

以前面珍珠饰品速卖通店铺店招为基础，进行导航条的设计和制作，如图 7-9 所示。

图7-9　珍珠饰品速卖通店铺的店招和导航条

操作步骤

第 1 步：打开文件

打开"珍珠饰品店铺店招"文件，另存为"珍珠饰品店铺店招+导航条"文件。

第 2 步：扩展画布

选择"图像"→"画布大小"命令，弹出"画布大小"对话框，将"高度"设置为"150 像素"，"定位"设置为"↑"，"画布扩展颜色"设置为黑色，单击"确定"按钮。

第 3 步：输入文字

使用标尺工具拉出辅助线，对导航条文字输入部分进行区域划分。选择英文字体"Microsoft Sans Serif"，字号设置为"18 点"，字距设置为 75，依次输入文字"Store Home"、"Products"、"Sale Items"、"Top Selling"和"Feedback"。选中所有文字图层，在工具箱中将对齐方式设置为"垂直居中对齐"，微调文字相对背景的垂直位置。

第 4 步：保存文件

完成导航条的设计和制作，保存文件。

7.3 首焦图设计

首焦图位于导航条的下方，占据首屏较大的空间，是网店首页最醒目的区域。

7.3.1 首焦图的作用

页头和首焦图组成了首屏，首焦图通常将多张广告图片以全屏轮播的形式进行展示，可以直达主推商品详情页、店内活动推广页等。

7.3.2 首焦图设计解析

1. 海报的尺寸和格式

速卖通平台默认的海报尺寸为宽度 960 像素、高度 100 像素～600 像素。由于第三方模块的应用，目前海报大多采用全屏轮播的形式，这种形式可以使整体效果更大气、更生动，海报的宽度为 1920 像素，高度可以自定义设置（建议 400 像素～600 像素），支持 JPG、JPEG 格式。

> 说明：为了给消费者提供更好的体验，建议同一组轮播的图片的宽度和高度保持一致。

2. 海报的主题

海报的主题以网店的促销活动、主推商品等内容居多。

1）促销活动海报

促销活动海报的主题可以是新品促销、节日活动、清仓甩卖等。

案例：A21 官方店铺（A21 Official Store）的促销活动海报如图 7-10 所示。

图7-10　A21官方店铺（A21 Official Store）促销活动海报

2）主推商品海报

主推商品可以是新品、热销商品等，通过海报加大商品的宣传力度。

案例：小米全球商城（Mi Global Store）的热销商品海报如图 7-11 所示。

图7-11　小米全球商城（Mi Global Store）热销商品海报

3. 海报的元素

海报一般由 3 部分组成，即背景、商品和文案。

- 背景：根据海报风格、商品特点等选择合适的背景，如纯色背景、渐变背景、纹理背景、实景（场景）背景等。
- 商品：要展示的商品，可以直接展示，也可以通过模特等展示。
- 文案：文案要梳理清晰，主题要明确。文案一般分主标题、副标题和说明性文字这 3 个级别，要把握好主次关系；根据 3 秒定律，字数不宜过多；设置适当的字体、字号、颜色、位置、间距和留白,增强层次感,让消费者在浏览过程中容易抓住信息重点;文案的字体要注重整体性,一般不超过 3 种。

4. 海报的布局

1) 左右两栏布局

左右两栏布局包括左图右文两栏布局和左文右图两栏布局,如图 7-12 和图 7-13 所示,这是最常见的布局,也是最容易掌握的布局,符合人们从左往右的阅读习惯。

| 图片 | 文字 |

图7-12　左图右文两栏布局

| 文字 | 图片 |

图7-13　左文右图两栏布局

案例:兄弟王官方店铺(Brother Wang Official Store)全屏海报如图 7-14 所示。

图7-14　兄弟王官方店铺(Brother Wang Official Store)全屏海报

案例:A21 官方店铺(A21 Official Store)全屏海报如图 7-15 所示。

图7-15　A21官方店铺(A21 Official Store)全屏海报

第 7 章　网店首页设计

案例：小米全球商城（Mi Global Store）全屏海报如图 7-16 所示。

图7-16　小米全球商城（Mi Global Store）全屏海报

案例：橘子妈咪官方店铺（Orange Mom Official Store）全屏海报如图 7-17 所示。

图7-17　橘子妈咪官方店铺（Orange Mom Official Store）全屏海报

2）上下两栏布局

上下两栏布局是指上文下图的形式，如图 7-18 所示。

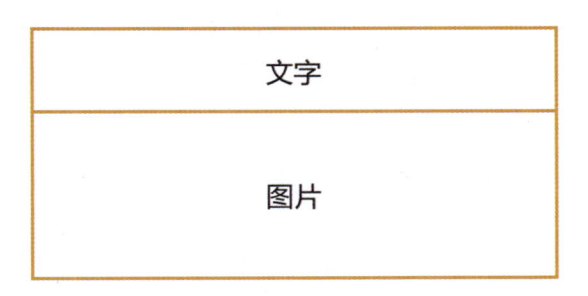

文字
图片

图7-18　上下两栏布局

案例：驰为官方店铺（CHUWI Official Store）全屏海报如图 7-19 所示。

图7-19　驰为官方店铺（CHUWI Official Store）全屏海报

案例：雷电官方店铺（LD Official Store）全屏海报如图7-20所示。

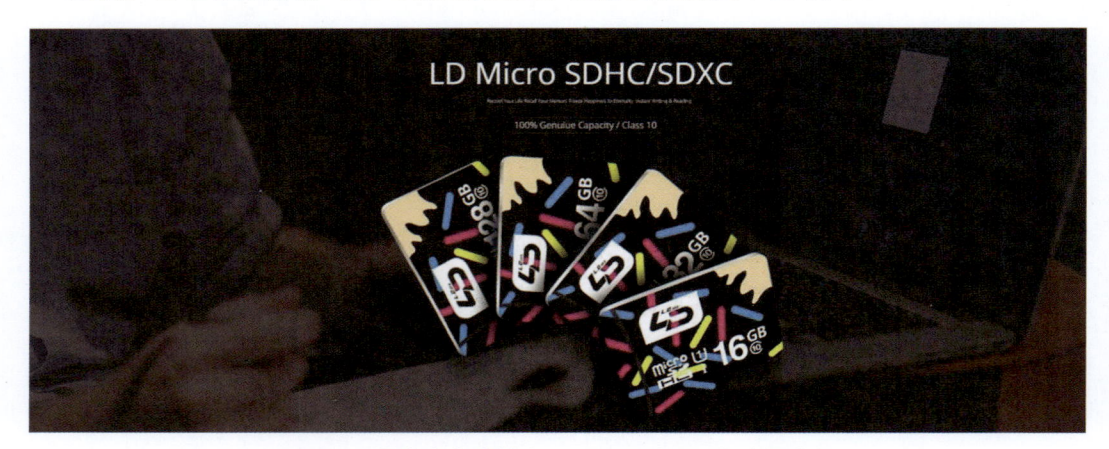

图7-20　雷电官方店铺（LD Official Store）全屏海报

3）左中右三栏布局

左中右三栏布局通常中间是文字、左右两边是图片，如图7-21所示。

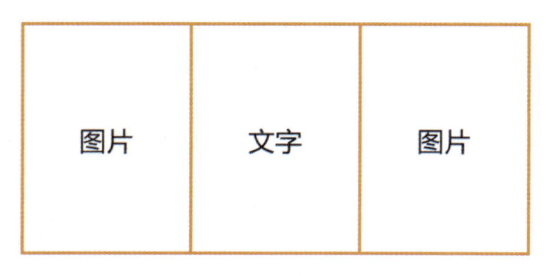

图片	文字	图片

图7-21　左中右三栏布局

案例：Tataria官方店铺（Tataria Official Store）全屏海报如图7-22所示。

图7-22　Tataria 官方店铺（Tataria Official Store）全屏海报

案例：智云官方店铺（ZHIYUN Official Store）全屏海报如图 7-23 所示。

图7-23　智云官方店铺（ZHIYUN Official Store）全屏海报

4）背景加文字布局

背景加文字布局指背景是一张图片（实景拍摄或后期合成的图片），前面是文案，如图 7-24 所示。

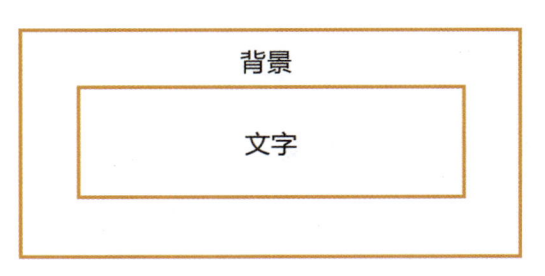

图7-24　背景加文字布局

案例：Vstarcam 官方店铺（Vstarcam Official Store）全屏海报如图 7-25 所示。

图7-25　Vstarcam 官方店铺（Vstarcam Official Store）全屏海报

案例：风味皮夹克官方店铺（FLAVOR LEATHER JACKET Official Store）全屏海报如图 7-26 所示。

图7-26　风味皮夹克官方店铺（FLAVOR LEATHER JACKET Official Store）全屏海报

5．海报的设计原则

1）对齐原则

相关的内容要对齐，方便用户视线快速移动，一眼看到最重要的信息。

2）聚拢原则

将内容分成几个区域，相关内容都聚拢在一个区域中。

3）留白原则

海报内容不要排得密密麻麻，要留出一定的空间，这样既减轻了海报的压迫感，又可以引导消费者的视线，突出重点内容。

4）降噪原则

颜色过多、字体过多、图形过于繁杂，都是分散消费者注意力的"噪声"。

7.3.3 实践任务

继续设计珍珠饰品速卖通店铺首页，完成首焦图的设计和制作，如图 7-27 所示。

7.3.3 珍珠饰品店铺首焦图设计与制作

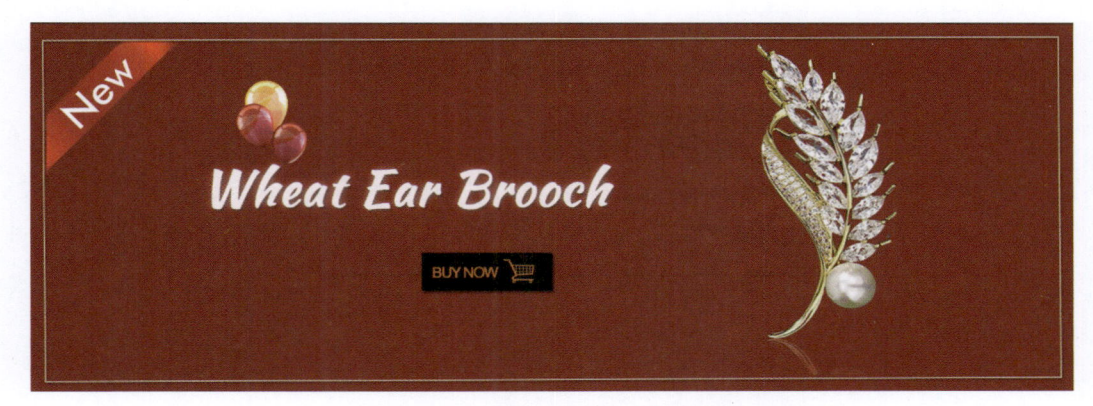

图7-27 珍珠饰品速卖通店铺首焦图

操作步骤

第 1 步：新建文件

新建一大小为 1920 像素×700 像素、分辨率为 72 像素/英寸的文件，命名为"麦穗胸针首焦图"。

第 2 步：设置背景颜色

在工具箱中将"背景色"设置为 RGB（160，22，22），使用 Ctrl+Delete 组合键将背景颜色设置为红色。

第 3 步：添加海报边框

选择矩形工具，将边框颜色设置为 RGB（209，192，165），绘制一个宽度为 1890 像素、高度为 655 像素、描边为 3 像素的矩形框，并且将其设置为相对背景图层垂直居中和水平居中对齐，将图层命名为"边框"。

第 4 步：添加新品素材

打开"New"图像素材，通过自由变换功能调整其大小，并且将其移动到左上角的位置。使用图层蒙版和画笔工具，对边缘进行适当处理，使其效果更自然。

第 5 步：添加商品素材

打开"麦穗胸针"图像素材，选择合适的工具抠取胸针并将其添加到首焦图中，通过自由变换功能调整其大小。复制一个新图层作为胸针倒影，水平翻转并移动到胸针图像下方，结合图层蒙版和渐变工具制作出倒影效果。

第 6 步：输入文字

使用横排文字工具，将英文字体设置为"Kaushan Script"，字号设置为"100 点"，颜色为白色，输入文字"Wheat Ear Brooch"。将图层样式设置为"外发光"和"投影"并移动到合适的位置。打开"气球"图像素材，调整至合适的大小并移动到文字左上方，使用图层蒙版和画笔工具，对气球下方的绳子进行部分淡化处理，使之与文字较好地融合。

第 7 步：制作购买按钮

使用矩形工具，将填充颜色设置为黑色，绘制出一个宽度为 240 像素、高度为 72 像素的矩形框。使用横排文字工具，将英文字体设置为"Microsoft Sans Serif"，字号设置为"28 点"，颜色设置为 RGB（218，114，30），在矩形框上方输入文字"BUY NOW"并移动到合适的位置。打开"购物车"图像素材，将其添加到首焦图中，通过自由变换功能调整其大小，并且将其移动到矩形框上方合适的位置。

第 8 步：保存文件

完成首焦图的设计和制作，保存文件。

7.4 商品推荐模块设计

商品推荐模块是网店中最重要的模块，一般占据首页最大的空间。

7.4.1 商品推荐模块的作用

商品推荐模块又被称为商品陈列区、商品展示区，它承担了在首页向消费者展示并宣传网店商品的任务，清晰的商品推荐模块可以让消费者快速找到网店的推荐商品，同时，美观的视觉呈现可以影响消费者的消费心理，提高网店的转化率。

7.4.2 商品推荐模块设计解析

1．商品推荐模块的设计方法

速卖通平台的商品推荐模块可以通过使用如图 7-28 所示的"商品推荐"模块进行设置，选择如图 7-29 所示的"一行 4 个商品"或"一行 5 个商品"的展示方式。当然也可以选择基础模块或第三方模块进行个性化设计。

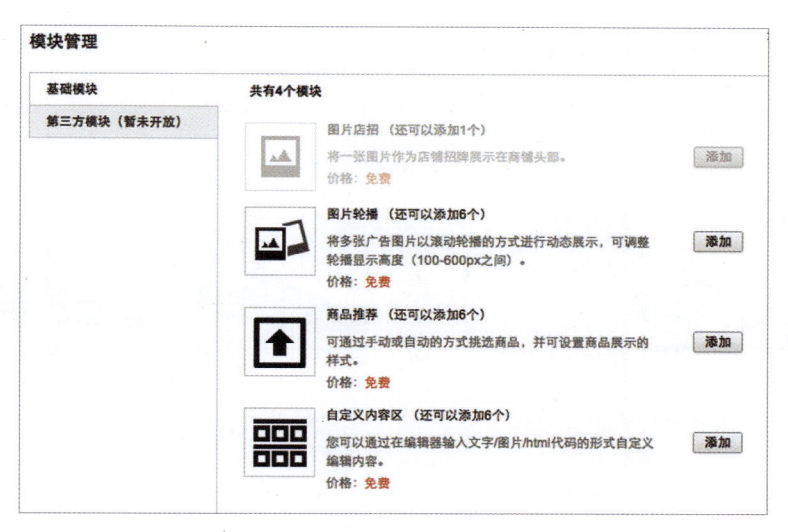

图7-28　速卖通平台"商品推荐"模块（1）

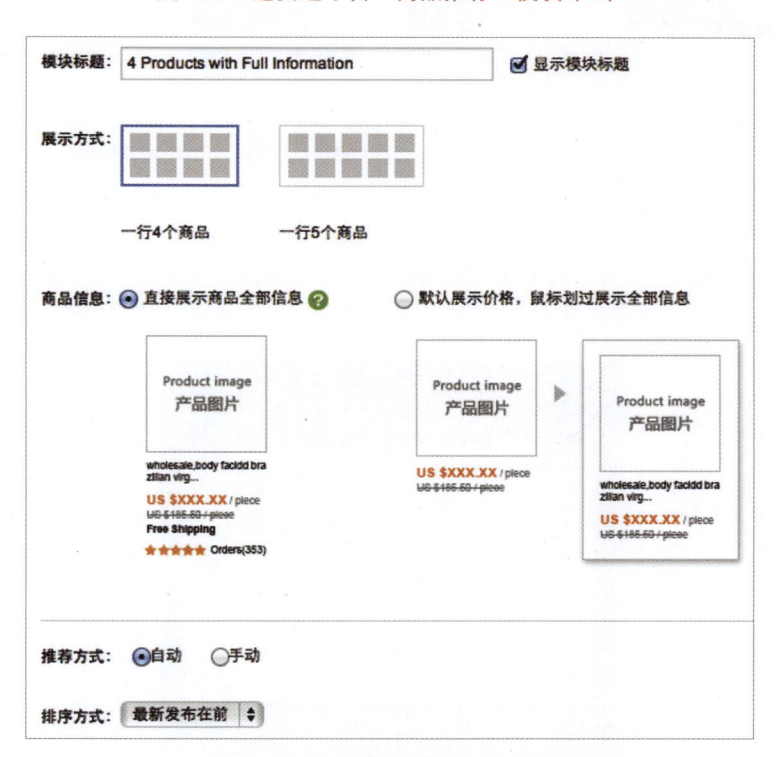

图7-29　速卖通平台"商品推荐"模块（2）

2. 商品推荐模块的布局

1）表格式布局

表格式布局是商品推荐模块非常常见的布局方式，一般在顶部放置推荐模块标题，下方按照表格的形式进行商品展示。这种布局方式可以通过"商品推荐"模块完成。

案例：李宁官方店铺（LINING Official Store）的男鞋商品推荐模块采用了 2 行 4 列的表格式布局，如图 7-30 所示。

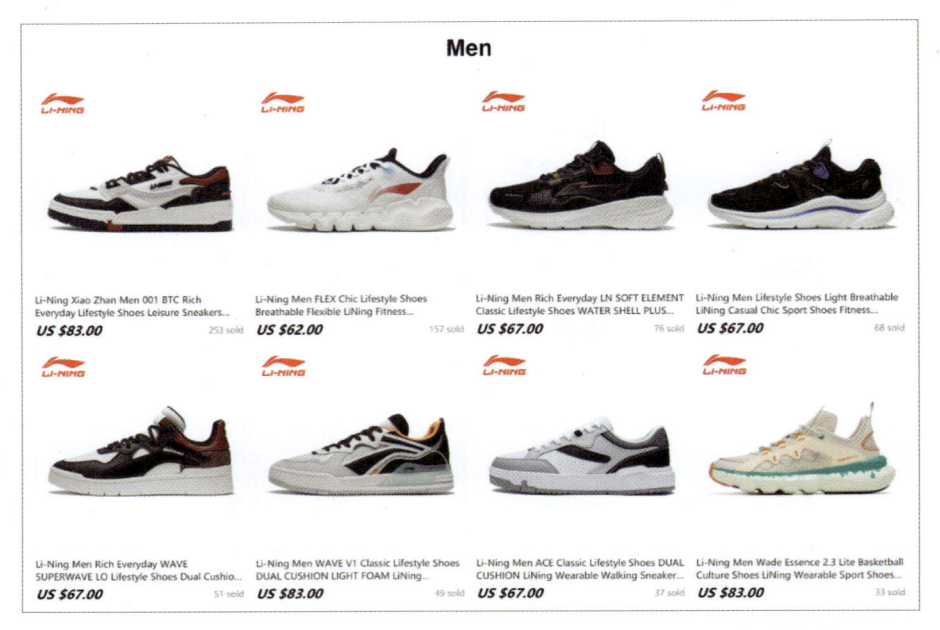

图7-30　李宁官方店铺（LINING Official Store）的男鞋商品推荐模块

案例：腾达全球商城（Tenda Global Store）的商品推荐模块采用了 4 行 1 列的表格式布局，如图 7-31 所示。

图7-31　腾达全球商城（Tenda Global Store）的商品推荐模块

图7-31　腾达全球商城（Tenda Global Store）的商品推荐模块（续）

案例：小米全球商城（Mi Global Store）的热销商品推荐模块共3行，其中，第1行包括2列，第2、3行包括3列，如图7-32所示。

图7-32　小米全球商城（Mi Global Store）的热销商品推荐模块

2）自定义布局

一般比较高端、个性化的网店会采用自定义布局，与表格式布局相比，自定义布局更有创意，会让人觉得眼前一亮。

案例：Sanag 官方店铺（Sanag Official Store）的商品推荐模块如图 7-33 所示。

图7-33　Sanag 官方店铺（Sanag Official Store）的商品推荐模块

3．商品推荐模块的设计要点

商品推荐模块使用不同的布局方式能营造出不同的销售氛围，从而影响消费者的消费心理。通过不同的视觉呈现，可以将商品最美观的一面展示给消费者，从而提高销售额。在设计商品推荐模块时应注意以下几个方面。

1）整体统一

在商品推荐展示过程中，可以将不同属性的商品进行分类展示。例如，将男鞋放在一个模块中展示，而不要将男鞋和女鞋放在同一个模块中展示，这样可以使对某类商品有消费需求的消费者汇集在一个指定的区域，使用商品不同的特征来吸引不同的消费者，达到磁石效应。

不仅商品的属性要统一，商品的背景、展示位上的图标和装饰元素也应该统一，使消费者只需关注商品参数、价格等不同的元素。

2）排列有序

商品推荐最重要的是要根据网店运营的方向，从主营商品出发，根据商品的销售情况，将畅销的商品放在有利位置，将常规商品常规展示。还要综合考虑网店的发展规划、商品特征、仓储情况等对商品品类进行排序。例如，尽量优先展示库存多的商品，避免出现库存少的商品断货、库存多的商品积压的现象。

商品推荐展示可以将相同品类或相同属性的商品放在一起，如将风格、材质、款式等基础属性相同的商品放在一起。合理的品类展示能帮助消费者厘清思路。例如，在服装类目中，可以先展示上装，再展示下装，最后展示配件。又例如，在根据价格进行排序时，可以先展示价格高的商品，再展示价格低的商品，这样价格低的商品更容易销售，因为价格高的商品已在消费者心中留下了高价的印象，所以在浏览价格低的商品时会觉得更便宜，也更容易接受，从而影响消费者的消费心理。

3）突出爆款

在同一个商品推荐模块中，如果有需要特别展示的商品，可以将展示方式稍做调整，设计出有主次之分的商品推荐模块。

突出展示的方式是在设计商品推荐模块时将热卖商品放大或将热卖商品的展示区域放大。同模块的其他商品等比例展示且比突出展示的商品尺寸小。这样有利于引导消费者关注突出的商品，促使消费者先浏览突出的商品，从而促进爆款的打造。

4）搭配展示

搭配展示通过将有关联的商品放在一起进行展示，从而提高关联率和客单价。搭配展示不仅可以在首页进行展示，也可以在详情页进行展示，通过商品推荐搭配，使消费者更方便地挑选商品，对于很多不确定性的消费，主动的关联搭配显得非常重要。商品搭配展示能激发消费者的其他消费需求。例如，对于服装类商品，主打上装可以搭配下装、主打裙子可以搭配饰品和包包；对于电器类商品，主打大家电可以搭配小家电；对于生活用品类商品，主打沐浴用品可以搭配洗漱用品；对于户外用品，主打帐篷可搭配睡袋、充气垫、防潮垫、马灯等。

7.4.3 实践任务

继续设计珍珠饰品速卖通店铺首页，完成自定义商品推荐模块的设计和制作，如图7-34所示。

7.4.3 实践任务：珍珠饰品店铺商品推荐模块设计与制作

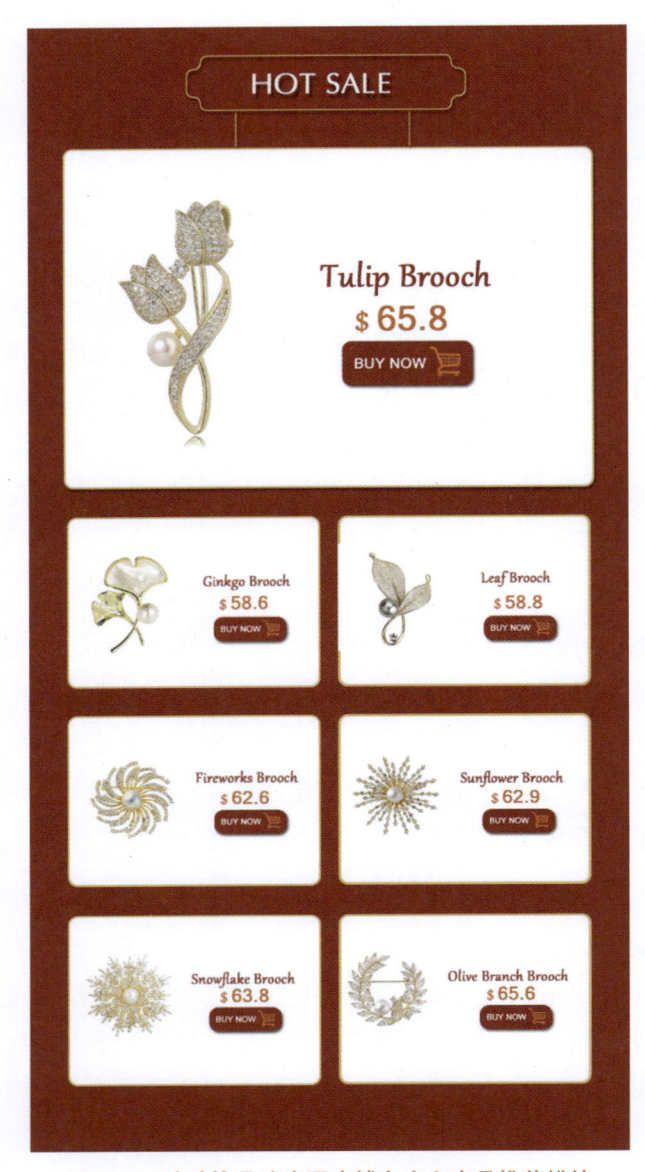

图7-34　珍珠饰品速卖通店铺自定义商品推荐模块

操作步骤

第1步：新建文件

新建一大小为960像素×1850像素、分辨率为72像素/英寸的文件，命名为"胸针推荐模块"。

第2步：设置背景颜色

在工具箱中将"背景色"设置为RGB（160，22，22），使用Ctrl+Delete组合键将背景颜色设置为红色。

第 3 步：添加参考线

为精确布局推荐商品，在水平方向 200 像素、761 像素、801 像素、1087 像素、1127 像素、1413 像素、1453 像素处添加参考线，在垂直方向 60 像素、900 像素处添加参考线。

第 4 步：添加标题

打开"边框"图像素材，将其移动到"胸针推荐模块"文档中，通过自由变换功能调整其大小并将其移动到文档顶部合适的位置，相对背景水平居中对齐。使用横排文字工具，将英文字体设置为"NEU-B5-S92"，字号设置为"60 点"，输入文字"HOT SALE"，将图层样式设置为"投影"。使用直线工具，将描边大小设置为"3 像素"，颜色设置为 RGB（235，196，122），绘制两条竖线至第一条水平参考线位置。建立图层组"标题"，将相关图层放入该图层组。

第 5 步：添加第 1 个推荐商品

选择圆角矩形工具，将填充颜色、描边颜色设置为 RGB（235，196，122），描边大小设置为"3 像素"，绘制一个宽度为 840 像素、高度为 555 像素的圆角矩形，放在第一个推荐商品位置。导入"郁金香胸针"图像素材，通过自由变换功能调整其大小并将其移动到合适的位置。"郁金香胸针"图层大小无法覆盖整个"圆角矩形"图层，因此在其下方新建一个白色填充的图层。确保"圆角矩形"图层放在"郁金香胸针"和白色填充的图层下方，分别对"郁金香胸针"图层和白色填充的图层创建剪贴蒙版。使用横排文字工具，将英文字体设置为"Gabriola"，字号设置为"88 点"，颜色设置为 RGB（160，22，22），输入文字"Tulip Brooch"；将字号设置为"60 点"，颜色设置为 RGB（215，105，44），输入文字"$65.8"，将"$"和"65.8"字体分别设置为"Gabriola"和"Microsoft Sans Serif"。使用矩形工具，将填充颜色设置为 RGB（160，22，22），绘制出一个宽度为 206 像素、高度为 72 像素的矩形框。使用横排文字工具，将英文字体设置为"Microsoft Sans Serif"，字号设置为"24 点"，颜色设置为白色，在矩形框上方输入文字"BUY NOW"并移动到合适的位置。导入"购物车"图像素材，通过自由变换功能调整其大小并将其移动到"圆角矩形"图层上方合适的位置。新建图层组"推荐商品组 1"，将相关图层放入该图层组。

第 6 步：添加第 2~6 个推荐商品

选择圆角矩形工具，将填充颜色、描边颜色设置为 RGB（235，196，122），描边大小设置为"3 像素"，绘制一个宽度为 400 像素、高度为 280 像素的圆角矩形，放在第二个推荐商品位置。导入"银杏胸针"图像素材，通过自由变换功能调整其大小并将其移动到合适的位置。"银杏胸针"图层大小无法覆盖整个"圆角矩形"图层，因此在其下方新建一个白色填充的图层。确保"圆角矩形"图层放置于"银杏胸针"和白色填充的图层下方，分别对"银杏胸针"图层和白色填充的图层创建剪贴蒙版。使用横排文字工具，将英文字体设置为"Gabriola"，字号设置为"28 点"，颜色设置为 RGB（160，22，22）。输入文字"Ginkgo

Brooch",将字号设置为"30 点",颜色设置为 RGB(215,105,44)。输入文字"$ 58.6",分别将"$"和"58.6"的字体设置为"Gabriola"和"Microsoft Sans Serif"。使用矩形工具,将填充颜色设置为 RGB(160,22,22),绘制出一个宽 120 像素、高 40 像素的矩形框。使用横排文字工具,将英文字体设置为"Microsoft Sans Serif",字号设置为"13 点",颜色设置为白色,在矩形框上方输入文字"BUY NOW"并移动到合适的位置。导入"购物车"图像素材,通过自由变换功能调整其大小并将其移动到圆角矩形上方合适的位置。新建图层组"推荐商品组 2",将相关图层放入该图层组。使用相同的方法创建第 3~6 个推荐商品,依据参考线调整到合适的位置。

第 7 步:保存文件

完成商品推荐模块的设计和制作,保存文件。

7.5 商品分类区设计

商品分类区的设计比较灵活,功能与导航条类似。

7.5.1 商品分类区的作用

商品分类区的作用是对老顾客和有目标的顾客进行有效的引导,强调条理性和逻辑性。与导航条不同的是,这里的内容可以根据卖家需求自行设计。

7.5.2 商品分类区设计解析

商品分类区的设计比较简单,可以使用"自定义内容"模块完成。

案例:李宁官方店铺(LINING Official Store)的商品分类区如图 7-35 所示。

图7-35 李宁官方店铺(LINING Official Store)的商品分类区

案例：LZH 官方店铺（LZH Official Store）的商品分类区如图 7-36 所示。

图7-36　LZH 官方店铺（LZH Official Store）的商品分类区

7.5.3　实践任务

7.5.3　珍珠饰品店铺商品分类区设计与制作

继续设计珍珠饰品速卖通店铺首页，完成商品分类区的设计和制作，如图 7-37 所示。

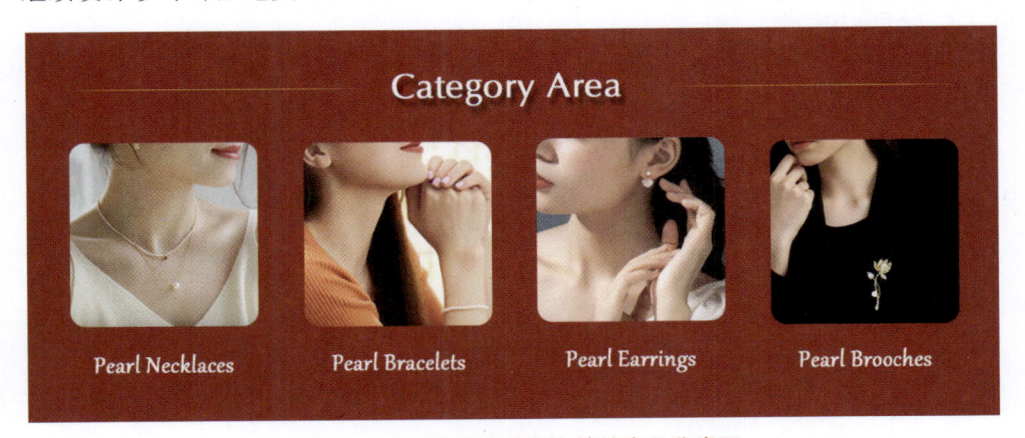

图7-37　珍珠饰品速卖通店铺的商品分类区

操作步骤

第 1 步：新建文件

新建一个大小为 960 像素×400 像素、分辨率为 72 像素/英寸的文件，命名为"珍珠饰品店铺商品分类区"。

第 2 步：设置背景

在工具箱中将"背景色"设置为 RGB（160，22，22），使用 Ctrl+Delete 组合键将背景颜色设置为红色。

第 3 步：新建标题

在垂直方向 40 像素、920 像素处添加参考线。选择直线工具，将描边颜色设置为 RGB（217，162，14）、大小为"3 像素"，绘制长度为 880 像素的线条，为"线条"图层添加图层蒙版，使开始、结尾和中间产生渐变效果，并且在中间留出标题的空间。使用横排文字工具，将字体设置为"NEU-B5-S92"、大小为 60 点、颜色为白色，输入标题文字字体"Category Area"，将图层样式设置为"投影"并调整到合适的位置。

第 4 步：添加分类区

选择圆角矩形工具，将宽度设置为 184 像素，高度设置为 184 像素，半径设置为 15 像素，绘制 4 个圆角矩形，放到合适的位置。导入"珍珠项链区""珍珠手链区""珍珠耳钉区""珍珠胸针区"素材，分别放在圆角矩形图层的上方并创建剪贴蒙版。使用横排文字工具，将字体设置为"Gabriola"，字号设置为"46 点"，颜色设置为白色，分别输入文字"Pearl Necklaces"、"Pearl Bracelets"、"Pearl Earrings"和"Pearl Brooches"，并且调整到合适的位置。

第 5 步：保存文件

完成商品分类区的设计和制作，保存文件。

本章关键词

店招；导航条；首焦图；商品推荐；商品分类区。

本章习题

一、单选题

1. 速卖通平台基础板块店招的宽度为（　　）像素。
   A．960　　　　　B．1200　　　　　C．1920　　　　　D．都可以
2. 以下能编辑的导航条项目是（　　）。
   A．Store Home　　B．Products　　C．Sale Items　　D．New Arrivals
3. （　　）模块通常将多张广告图片以全屏轮播的形式进行展示，使消费者可以直达主推商品详情页、店内活动推广页等。

A. 店招 B. 导航条
C. 首焦图 D. 商品推荐模块
4. 以下不属于首焦图常见主题的是（ ）。
A. 促销活动 B. 新品推荐 C. 热销商品推荐 D. 品牌宣传
5. 以下不属于海报常见布局方式的是（ ）。
A. 左右两栏布局 B. 上下两栏布局
C. 左中右三栏布局 D. 自定义布局

二、多选题

1. 以下属于速卖通平台首页常见模块的是（ ）。
A. 店招 B. 导航条
C. 首焦图 D. 商品推荐模块
2. 店招中常见的元素包括（ ）。
A. 店铺 Logo B. 店铺名称 C. 大促活动 D. 搜索框
3. 速卖通平台基础模板包括（ ）。
A. 图片店招 B. 图片轮播 C. 商品推荐 D. 自定义内容区
4. 在设计海报时要遵守以下原则（ ）。
A. 对齐原则 B. 聚拢原则 C. 留白原则 D. 降噪原则
5. 速卖通平台的"商品推荐"模块一行可以设置（ ）个商品。
A. 2 B. 3 C. 4 D. 5

三、判断题

1. 速卖通平台的导航条一般通过后台直接进行设置。 （ ）
2. 导航条和商品分类区的功能在本质上是不同的。 （ ）
3. 速卖通平台默认的海报宽度为 960 像素，首焦图流行的宽度为 1920 像素。
 （ ）
4. 海报一般包括背景、商品和文案三部分。 （ ）
5. 商品推荐模块可以进行高端、个性化的自定义布局。 （ ）

四、实践题

假设你准备开设一家速卖通店铺，请为店铺首页设计首焦图、商品推荐模块和商品分类区，要求色彩搭配合理、风格统一且符合商品特征，首焦图宽度为 1920 像素、高度自定义，商品推荐模块宽度为 960 像素、高度自定义，分类区宽度为 960 像素、高度自定义。

本章进一步阅读资料

1. 武瑞娟，胡艺潇，李东进. 网店主页温暖性对消费者接近行为影响效应研究——一项基于服装网店的研究[J]. 管理工程学报，2022,36(02):86-97.

2. 戴建华，马海云，吴滢滢. 网店信息呈现的框架效应对消费者购买决策的影响研究[J]. 中国管理科学，2020,28(03):152-161.

3. 唐新玲，周静，赵丽娅. 网店形象对顾客服装网购意愿的影响研究[J]. 丝绸，2019,56(01):54-60.

第 8 章
商品详情页设计

第 8 章　商品详情页设计

学习目标

知识目标

1. 理解主图的作用。
2. 知道主图的尺寸和格式。
3. 理解主图的设计要点。
4. 理解商品详情的作用。
5. 知道商品详情的尺寸、格式和基本内容。
6. 理解商品详情设计的注意事项。

能力目标

1. 设计商品主图。
2. 设计商品详情。
3. 提升艺术审美能力。
4. 提升创新能力。

素养目标

1. 具备良好的艺术审美能力。
2. 具备积极的创新精神。
3. 培养认真踏实、精益求精的工匠精神。

知识思维导图

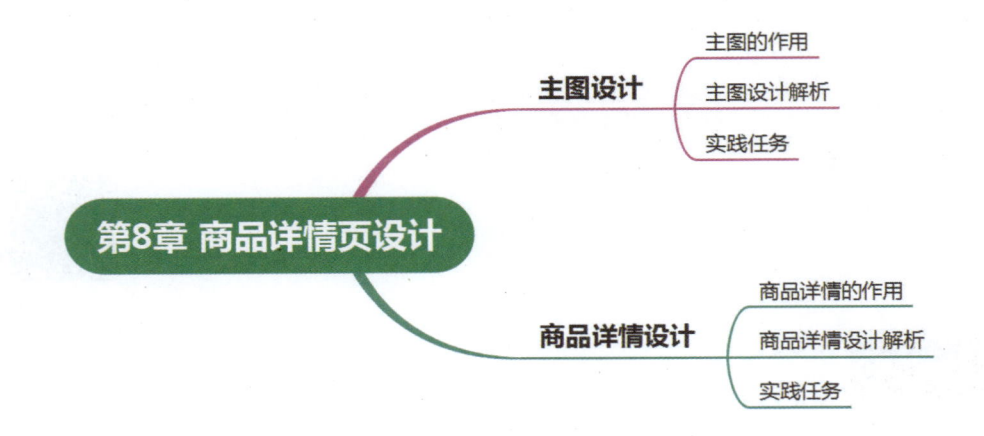

```
                                    ┌─ 主图的作用
                      主图设计 ──────┼─ 主图设计解析
                     ╱              └─ 实践任务
第8章 商品详情页设计
                     ╲              ┌─ 商品详情的作用
                      商品详情设计 ──┼─ 商品详情设计解析
                                    └─ 实践任务
```

商品详情页是网店中展示单个商品详细信息的页面，是网店中最容易与消费者产生交集和共鸣的页面，会对消费者的购买行为产生直接影响。商品详情页做得好，转化率就高，反之转化率就低。商品详情页的设计主要包括主图设计和商品详情设计。

8.1 主图设计

8.1.1 主图的作用

主图是消费者搜索商品的必经之路，无论是通过宝贝搜索还是类目搜索，展示在消费者眼前的第一张图片就是商品主图。例如，在速卖通平台首页上使用关键词"mobile phones"进行搜索，搜索结果页面如图 8-1 所示，页面中展示了各种手机的主图。主图决定了消费者在看到这张图片后是否想要点击进入详情页，因此，一张优质的主图需要抓住消费者的眼球、激发消费者的兴趣和促成消费者点击，从而提高点击率。

在商品搜索结果页面或网店中点击感兴趣的商品，进入商品详情页，主图位于页面左上方的位置，最多上传 6 张，如图 8-2 所示，将鼠标指针放在主图上，可以放大主图。

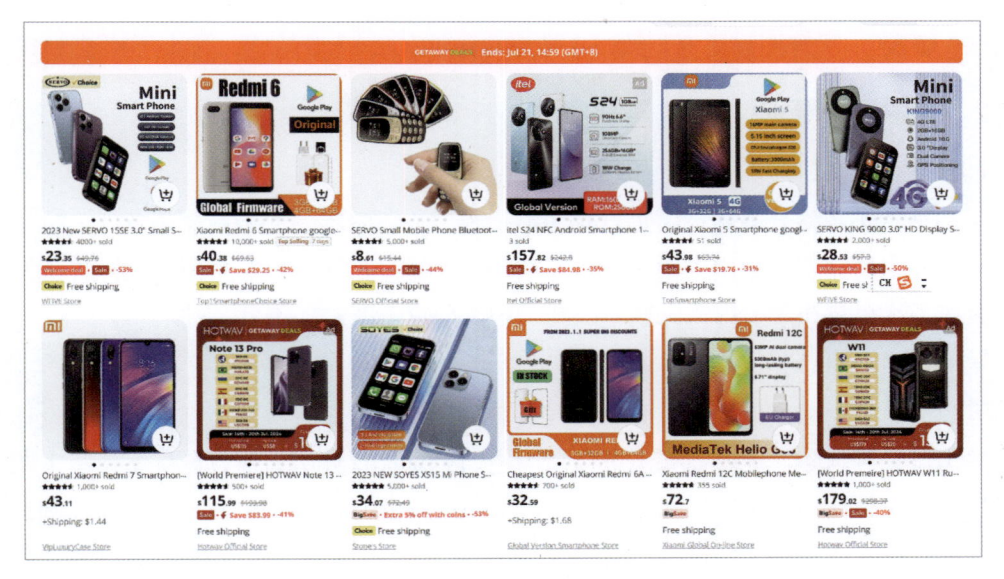

图8-1 搜索结果页面

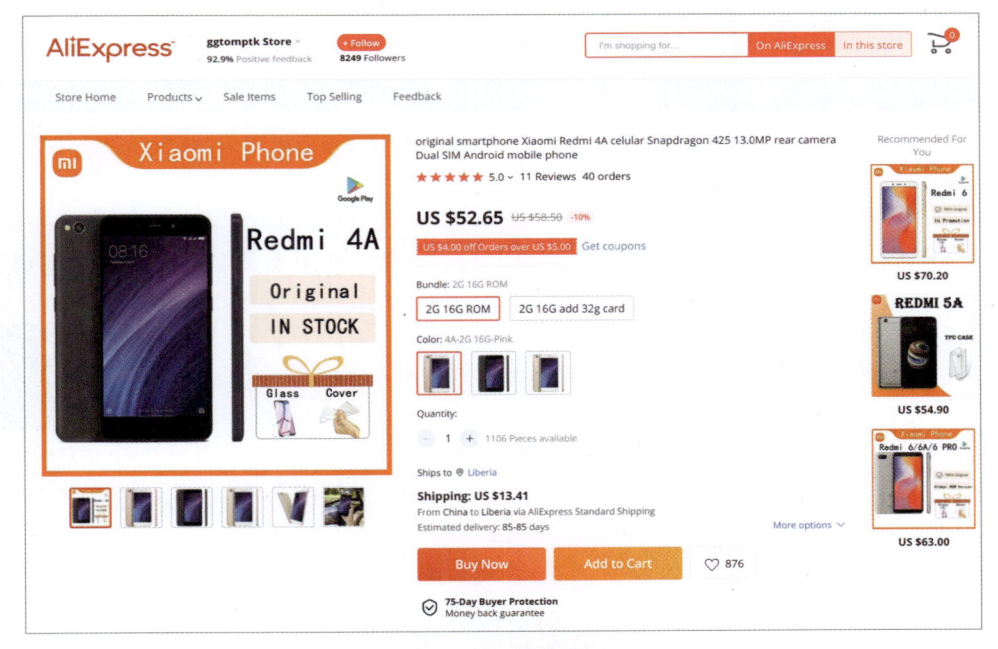

图8-2 商品详情页

8.1.2 主图设计解析

1. 主图的尺寸与格式

速卖通平台主图的宽高比例为1:1（像素≥800像素×800像素）或3:4（像素≥750像

素×1000 像素），所有图片比例一致，支持 JPG、JPEG、PNG 格式，大小不超过 5MB。

2. 主图设计要点

1）较强的视觉吸引

主图是消费者打开商品详情页看到的第一张图片，它不仅展示商品的款式、风格，而且能暗示商品的品质和使用效果，所以主图一定要通过构图、色彩搭配、卖点提炼等提升视觉吸引力，尽量在 3 秒内激发顾客兴趣，获取高点击率。

2）清晰的信息分层

大部分商品主图采用的信息分布方式是商品加背景。而有些网店会自主进行设计，添加如促销信息等内容，这时需要考虑对主图中的信息进行分层。信息分层就是将主图中的信息按照一定的计划一层一层地进行展示，如果主图中包含 3 层信息，则需要明确重点展示什么信息，其次展示什么信息，最后展示什么信息。如图 4-46 所示的小米手机主图中，最先展示的是商品本身，商品图片在整个画面中是最突出的，其次是商品价格及其他文案信息，最后是品牌 Logo，主题明确，层次清晰。

> 说明：如果拥有自己的品牌 Logo，则可以将它放在主图的左上角，这样做可以起到宣传品牌的作用。

3）合适的场景表现

对于很多表现力比较单一的商品来说，除了可以将商品进行各种创意摆放，还可以将商品放入它的使用环境中，以此提升商品的表现力，使消费者看到后就能联想到自己在这个场景中使用商品的效果。

8.1.3 实践任务

8.1.3 实践任务：珍珠胸针主图设计与制作

选取珍珠饰品速卖通店铺中的一个商品进行商品主图设计，甜美花朵珍珠胸针主图如图 8-3 所示。

图8-3 甜美花朵珍珠胸针主图

操作步骤

第 1 步：新建文件

新建一大小为 800 像素×800 像素、分辨率为 72 像素/英寸的文件，命名为"甜美花朵珍珠胸针主图"。

第 2 步：放入商品素材

打开"甜美花朵珍珠胸针正面"图片素材，复制并粘贴至当前文件，通过自由变换功能调整其大小。

第 3 步：放入品牌名称

选择矩形工具，将填充颜色设置为 RGB（160，22，22）、无描边，绘制一个宽度为 350 像素、高度为 105 像素的矩形并调整到合适的位置。使用横排文字工具，将英文字体设置为"Gabriola"，字号设置为"55 点"，颜色设置为白色。输入文字"JiangNan Pearl"，将图层样式设置为"投影"。根据效果图调整矩形和文字的位置。

第 4 步：保存文件

完成商品主图的设计和制作，保存文件。

8.2 商品详情设计

8.2.1 商品详情的作用

商品详情就是详细介绍商品情况的部分。这里除了要将商品的外表、形状、款式、细节等详细地呈现在消费者眼前，还要打消消费者的种种顾虑，提振消费者的消费信心。使消费者在浏览完商品详情后，能形成对商品价值的认可，产生消费欲望，做出购买决策，实现高转化率。

8.2.2 商品详情设计解析

1. 商品详情的尺寸与格式

速卖通平台商品详情图的宽度为 960 像素，高度可以根据需要自定义，支持 JPG、JPEG、PNG 格式，并且大小不超过 5MB。

2. 商品详情的内容分类

商品详情的内容可以分为五大类。

- 商品展示类：整体、细节、款式、色彩、特色、卖点、包装、搭配效果等。
- 吸引购买类：卖点打动、情感营销、买家评价、热销记录等。
- 促销说明类：热销商品、搭配商品、促销活动、优惠方式等。
- 实力展示类：品牌认证、荣誉、资质、销量、生产、仓储等。
- 交易说明类：价格说明、发货说明、收货验货、退换货、保修等。

这五大类内容可以很好地展示商品详情，塑造商品独特的属性，达到商品转化的效果。

3．商品详情的基本内容模块

基于前面的内容分类，下面对基本内容模块分别进行介绍。

1）宣传广告

某些网店在商品详情的最上方会放置1~2张的促销海报，以此来引起消费者的兴趣。促销海报可以单独设计，也可以与首页的海报相同。

案例：小米手机的促销海报如图8-4所示。

图8-4　小米手机的促销海报

案例：DIXSG手表的促销海报如图8-5所示。

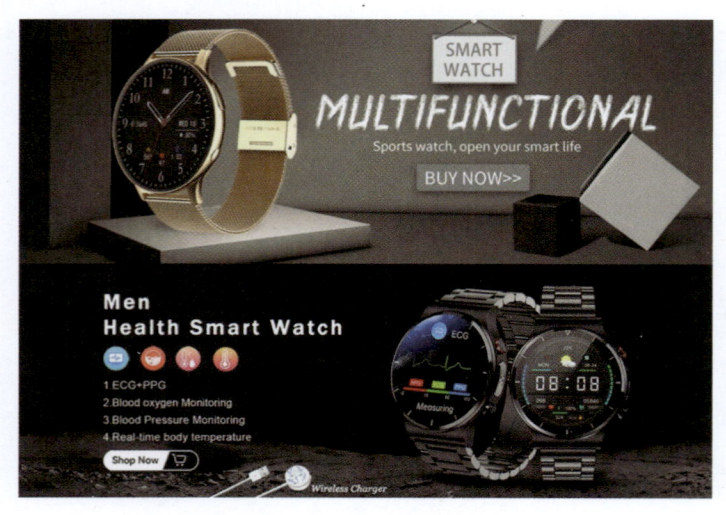

图8-5　DIXSG手表的促销海报

2）关联营销广告

关联营销广告是指在商品详情中放置另外的商品来进行展示，可以是搭配单品或系列款式的推荐。因为我们无法保证每位消费者在进入商品详情页后都能产生购买行为，如果商品满足消费者的需求，则消费者会进入咨询或下单环节；如果不满足消费者的需求，则消费者可能会流失。因此，通过增加关联营销广告图可以提高消费者浏览商品的概率。

案例：智米产品的关联营销图如图 8-6 所示。

图8-6　智米产品的关联营销图

案例：女童服装的关联营销图如图 8-7 所示。

图8-7　女童服装的关联营销图

3）商品整体图

商品整体图的作用在于展示商品全貌，如商品正面、侧面、45°、360°旋转的清晰图片。如果商品有多种颜色，则主要展示主推的颜色，其他颜色辅助展示，或者展示一张将多种颜色的商品放在一起的图片。

案例：小米手机的整体图如图 8-8 所示。

图8-8　小米手机的整体图

案例：华为平板电脑的整体图如图 8-9 所示。

图8-9　华为平板电脑的整体图

4）商品细节图

商品细节图的作用在于提高消费者的感官体验，增强商品的品质感，包括材质、图案、做工等。要求拍摄效果清晰，近距离拍摄，突出主要细节元素。单独拍摄，不允许在原图的基础上进行切割。

案例：小米运动手表的细节图如图 8-10 所示。

案例：华为平板电脑手写笔的细节图如图 8-11 所示。

图8-10　小米运动手表的细节图 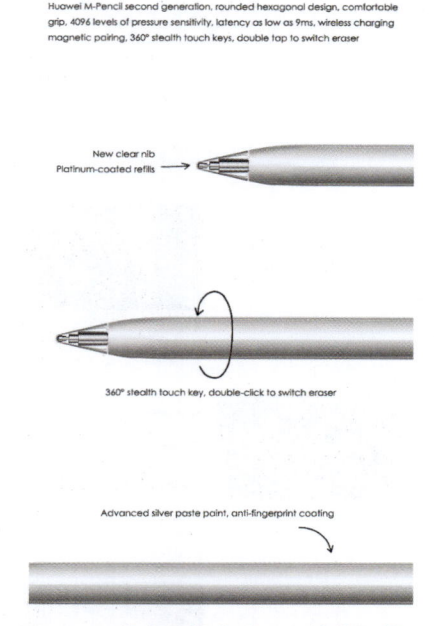　　　　图8-11　华为平板电脑手写笔的细节图

5）商品模特图

商品模特图的作用在于展示商品效果，激发消费者的购买欲望。要求图片清晰、真实，外景拍摄，拍摄效果符合品牌的定位。还可以添加模特资料、模特试穿的尺码、模特试穿的感受等来增强模特的真实存在感。

案例：A21T 恤的模特图如图 8-12 所示。

案例：李宁运动鞋的模特图如图 8-13 所示。

图8-12　A21T 恤的模特图 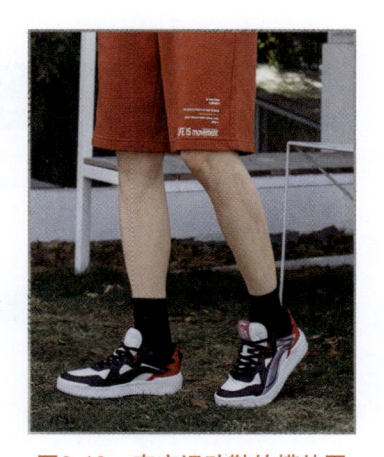　　　　图8-13　李宁运动鞋的模特图

6）商品卖点图

商品卖点的设计应围绕消费者为什么购买（好处设计、避免缺点）进行设计，要放大

商品的卖点，一般是工艺、材质等细节说明，让消费者多了解商品的特性。

  案例：华为平板的卖点图如图 8-14 所示。

  案例：DIXSG 手表的卖点图如图 8-15 所示。

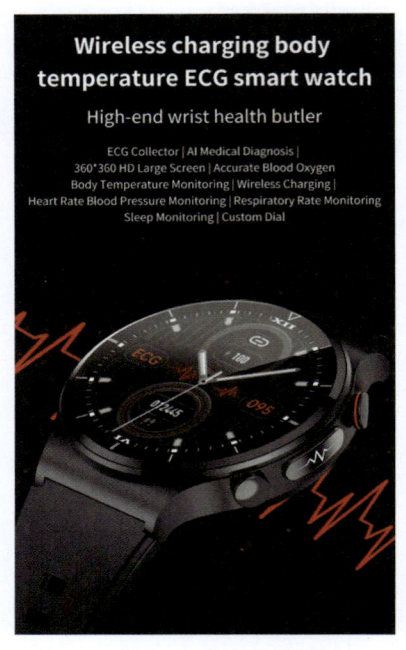

图8-14 华为平板的卖点图   图8-15 DIXSG 手表的卖点图

7）商品描述图

商品描述主要是对商品的属性、功能、使用方法等进行说明，以便消费者了解商品。

案例：可孚拔罐器的使用说明图如图 8-16 所示。

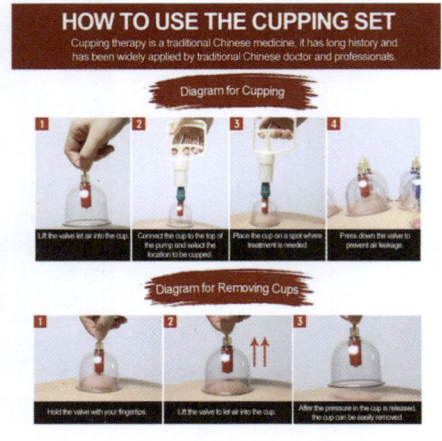

图8-16 可孚拔罐器的使用说明图

  案例：电吹风的参数说明图如图 8-17 所示。

第 8 章　商品详情页设计

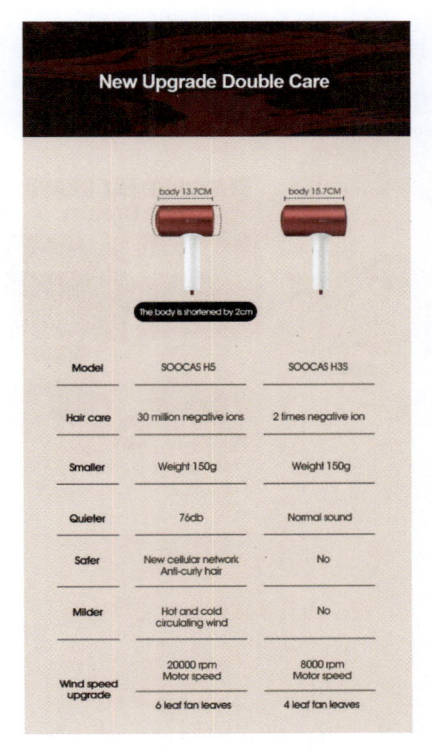

图8-17　电吹风的参数说明图

8）商品对比图

商品对比图的作用是通过与同类商品比较或商品使用前后进行比较，挖掘商品的优势，从而增强消费者的信任。

案例：面部按摩器对比图如图 8-18 所示。

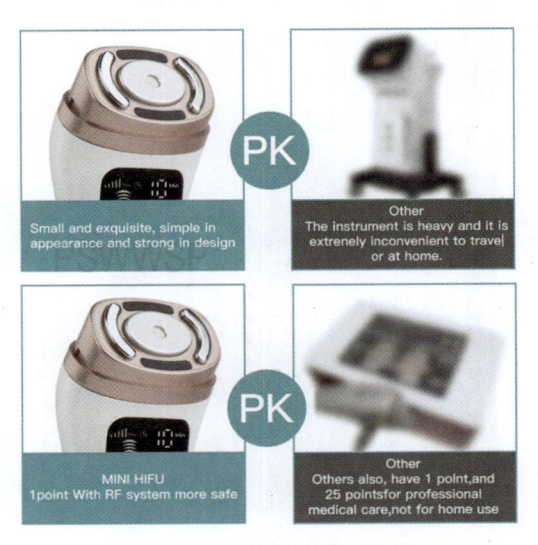

图8-18　面部按摩器对比图

案例：眼霜使用前后对比图如图 8-19 所示。

图8-19　眼霜使用前后对比图

9）商品使用场景图

商品使用场景图就是根据使用场景来展示商品的使用情况，让消费者有身临其境的感受。这种图主要由真人进行模拟，让消费者在"看图购物"的时候不仅看到商品，还能产生代入感，能够想象这个商品在日常生活中的真实使用场景。优秀的商品使用场景图能够充分地调动消费者的情绪，进而有效转化为购买行为。

案例：ESR 充电器的使用场景图如图 8-20 所示。

图8-20　ESR 充电器的使用场景图

案例：小米电扇的使用场景图如图 8-21 所示。

图8-21　小米电扇的使用场景图

10）商品口碑图

商品口碑图用来展示商品的出售记录、消费者评价、买家秀等，使消费者对商品产生信任感。

案例：西都迷你投影仪的买家秀如图 8-22 所示。

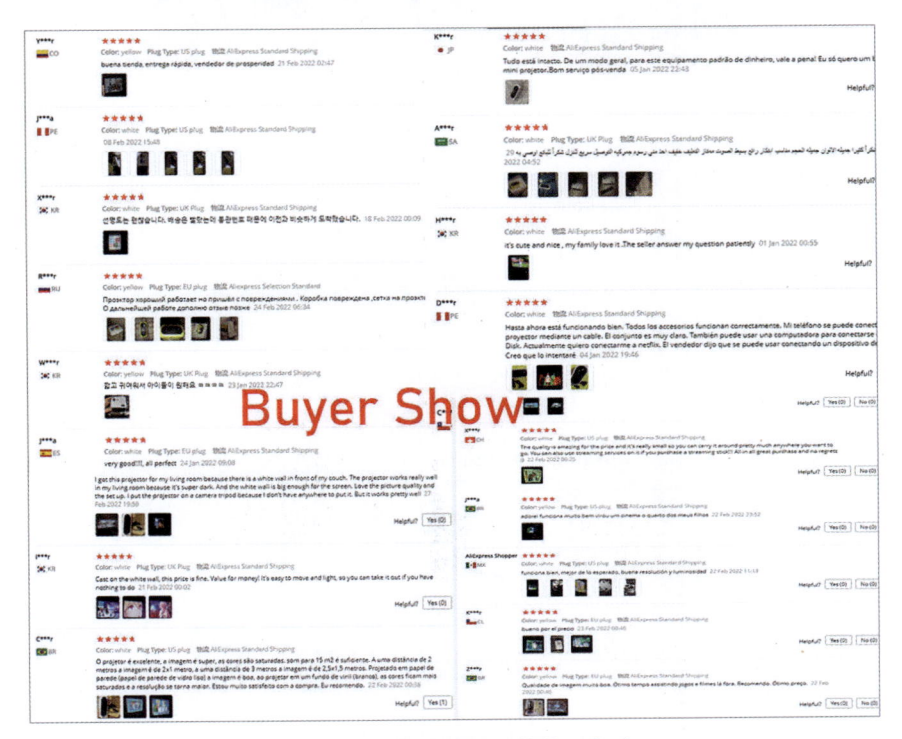

图8-22　西都迷你投影仪的买家秀

11）商品售后说明

商品售后说明主要是在商品详情页中添加发货说明、邮费说明、退换货说明、洗涤方法、色差说明、售后保障、正品保障等，以此来消除消费者的后顾之忧。

案例：ESR 商品的物流服务图如图 8-23 所示。

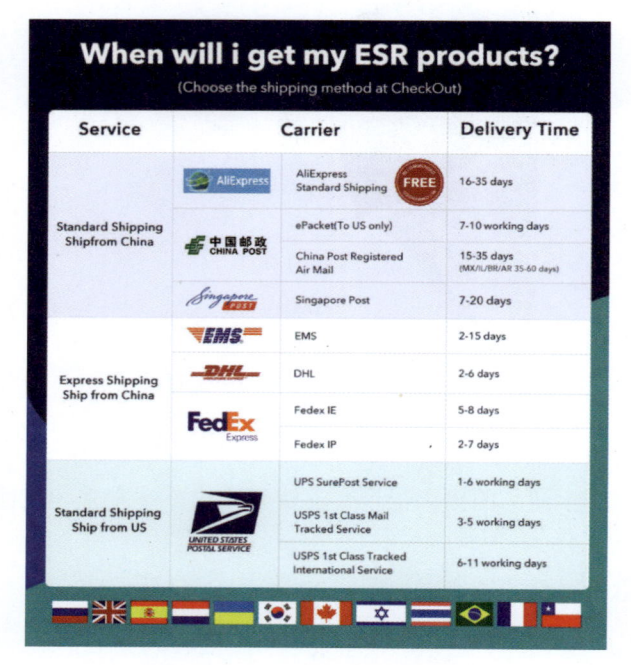

图8-23　ESR 商品的物流服务图

案例：智米商品的售后服务保障图如图 8-24 所示。

图8-24　智米商品的售后服务保障图

12）品牌文化

此模块中应添加企业文化、品牌故事，塑造品牌效应。如果已经是知名品牌，则更应该添加此模块，以提高商品附加值并吸引消费者。

案例：可孚企业简介图如图 8-25 所示。

图8-25　可孚企业简介图

案例：西都线下店铺及生产线情况图如图 8-26 所示。

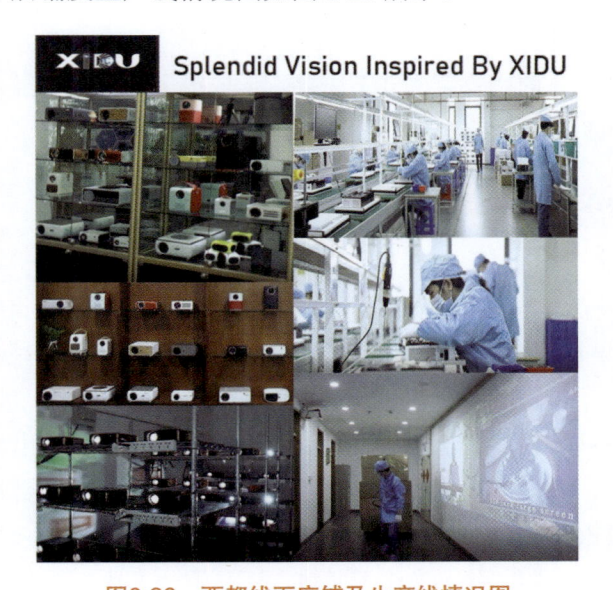

图8-26　西都线下店铺及生产线情况图

4. 商品详情设计要点

1）统一的设计风格

商品详情页的设计风格应当与网店的整体风格保持高度统一。

2）合理的设计逻辑

商品详情页通过商品价值论证来说服消费者，商品详情页的各个部分应当建立合理的设计逻辑，层层推进，形成整体。FABE 法则是非常实用的营销法则，应用它来指导商品详情页的设计工作可以构建一个大的框架，提供一个通顺合理的设计逻辑，从而取得良好的营销效果。

3）高效的视觉呈现

与文字相比，图片能够承载更多的信息，而且更直观，所以在商品详情页中应当以图像为主，文字为辅，给出有效信息即可，切忌大段文字描述。

"讲故事，卖产品"永远比"讲产品，卖产品"要高明，将商品优点转化成消费者的利益，通过场景化的方式呈现出来，以此来激发消费者内心想拥有该商品的欲望。使用好图配好文案的方式来打动人心、促成交易。

视觉呈现主要注重以下五感。
- 真实感：真实再现商品不同角度的原貌。
- 逻辑感：根据消费者需求部署和展开卖点，达到层层打动消费者的目的，促成交易。
- 亲切感：针对目标消费者的特性进行文案、图像的风格设计，使消费者感到亲切。
- 对话感：在销售过程中，商品介绍是靠图片和文字的描述完成的，描述要有对话感，用对话的逻辑展开。
- 氛围感：营造商品的销售氛围非常重要，形成很多人购买的气氛，让消费者因从众心理而决定购买。

5．商品详情设计的注意事项

1）控制页面长度

当大家认识到商品详情部分有很多内容可以展示时，可能恨不得把自己知道的内容都展示出来。如果这样做，你就进入了误区，商品详情页并不是越长越好、图片越全越好。

如果商品模特图只需要展示 10 张，就不要展示 20 张，要挑选出最具表现力和拍摄角度最佳的图片来展示。如果最重要的部分已经全部展示出来，就不要展示一些消费者不关心的内容。图片不要重复，也不要放置一些无关紧要的图片。

商品详情页做得好与坏，并不取决于长度，而是取决于内容。如果能用两三屏的长度将一件商品说得很清楚，那么短小而精悍或许更受欢迎。

2）选择合适内容

当想好了要在商品详情页展示的内容时，请再考虑一下，这些内容是否都要使用，哪些内容可以不使用，哪些内容特别重要。因为要让消费者耐心地读完所有内容是非常困难的，除非你把所有内容都做得很有特色和有趣，让人百看不腻。

如果商品的容量跟市场上的商品完全一致，则只需要展示商品容量即可，没必要展示本商品与其他商品的容量对比。如果商品是新品，根本没有销售或评价，但设计了一个本商品已销售多少、评价如何、好评截图之类的内容，这是不可取的。

3）根据消费者需求设计

消费者需求一般分为刚性需求和潜在需求两种类型，具有不同消费者需求的消费者对页面信息的需求也是有差异的。具有刚性需求的消费者是有明确的目的，具有强烈的购买欲望。他们不会特别在乎你对商品卖点的挖掘，而是在乎目前所浏览的商品是不是自己需要的，有没有需要的功能、尺寸合不合适、价格能否接受、商品是否为正品，如果满足这些需求，他们就会下单购买。对于这部分消费者，只需要抓住商品的真实性能、标准参数尺码，并且进行符合商品定位的展示，就能获得消费者的认可。

而具有潜在需求的消费者没有明确的购买目的，或许是价格便宜、活动刺激让他们心动，或许是图案可爱、模特漂亮、流行风尚让他们心动，或许是正好高兴想买东西。总之，具有潜在需求的消费者更关注的是卖点、视觉冲击力、促销推动等，这些外力辅助促使他们下单。或许他们也不知道自己为什么要购买这件商品。

所以，如果网店的商品属于刚性需求类，则可以注重突出刚性需求消费者的关注点。如果网店推出了一款新品想让消费者购买，则需要挖掘商品的卖点，引导消费者购买。

8.2.3 实践任务

选取珍珠饰品速卖通店铺中的一个商品进行商品详情功能模块的设计，如图 8-27 所示。

8.2.3 实践任务：珍珠胸针详情设计与制作

操作步骤

第 1 步：新建文件

新建一大小为 960 像素×2000 像素、分辨率为 72 像素/英寸的文档，命名为"甜美花朵珍珠胸针商品详情"。

第 2 步：设置背景

将工具箱的背景颜色设置为 RGB（160，22，22），使用 Ctrl+Delete 组合键将背景颜色设置为红色。

第 3 步：添加参考线

为精确布局推荐商品，在水平方向 200 像素、655 像素、855 像素、1175 像素、1195 像素、1515 像素、1535 像素处添加参考线，在垂直方向 60 像素、900 像素处添加

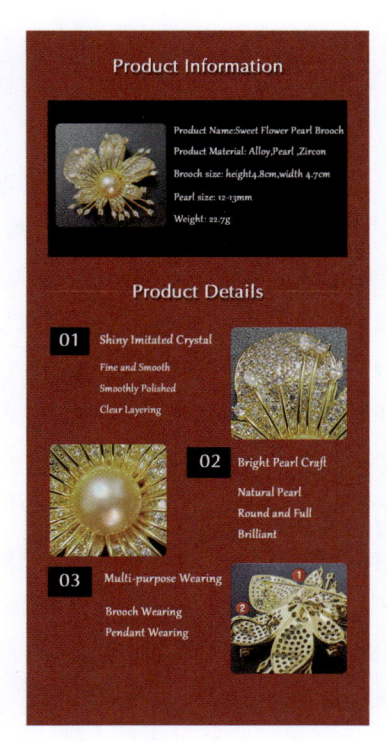

图8-27 甜美花朵珍珠胸针商品详情功能模块（部分）

参考线。

第 4 步：制作商品信息模块

新建一个图层组，命名为"商品信息"。使用横排文字工具，将英文字体设置为"NEU-B5-S92"，字号设置为 50 点，输入文字"Product Information"，将图层样式设置为"投影"。选择直线工具，将描边颜色设置为 RGB（217，162，14）、大小为 3 像素，绘制长度为 960 像素的线条，将图层命名为"线条 1"，为图层添加图层蒙版，使开始、中间和结尾产生渐变效果，并且在中间位置留出标题的空间。将标题文字和线条调整至水平方向第 1 条参考线上方的水平、垂直居中位置。选择矩形工具，将填充颜色设置为黑色、无描边，绘制一个宽度为 840 像素、高度为 455 像素的矩形，将矩形移动到水平方向第 1、2 条参考线和垂直方向两条参考线的中间，将图层命名为"黑色矩形"。选择圆角矩形工具，将填充颜色设置为白色、无描边，绘制一个宽度为 310 像素、高度为 300 像素的圆角矩形，将图层命名为"圆角矩形 1"。打开"甜美花朵珍珠胸针正面"图片素材，复制并粘贴至当前文档，通过自由变换功能调整其大小，将图层命名为"胸针整体"。以"胸针整体"图层为上层、"圆角矩形 1"图层为下层，为"胸针整体"图层创建剪贴蒙版，调整两个图层的位置。使用横排文字工具，将英文字体设置为"Gabriola"，字号设置为"35 点"，颜色设置为白色，输入文字"Product Name:Sweet Flower Pearl Brooch"，同理分别输入文字"Product Material: Alloy,Pearl ,Zircon"、"Brooch size: height4.8cm,width 4.7cm"、"Pearl size: 12-13mm"和"Weight: 22.7"，将文字图层调整到合适的位置。

第 5 步：制作商品细节模块

新建一个图层组，命名为"商品细节"，在图层组中继续新建图层组"标题"、"细节 01"、"细节 02"和"细节 03"。选择图层组"标题"，使用与第 4 步中相同的方法制作标题"Product Details"和线条 2，并且移动到水平方向第 2、3 条参考线水平、垂直居中的位置。选择图层组"细节 01"，使用横排文字工具，将英文字体设置为"NEU-B5-S92"，字号设置为"55 点"，输入文字"01"。使用矩形工具，将填充颜色设置为黑色、无描边，绘制一个宽度为 110 像素、高度为 80 像素的矩形，调整矩形和文字的位置。使用横排文字工具，将英文字体设置为"Gabriola"，字号设置为"45 点"，颜色设置为白色，输入文字"Shiny Imitated Crystal"。将字号设置为"40 点"，分别输入文字"Fine and Smooth"、"Smoothly Polished"和"Clear Layering"，调整文字的位置。选择圆角矩形工具，将填充颜色设置为白色、无描边，绘制一个宽度为 325 像素、高度为 320 像素的圆角矩形，将图层命名为"圆角矩形 2"。继续使用"甜美花朵珍珠胸针正面"图片素材，复制并粘贴至当前文档，通过自由变换功能调整其大小，将图层命名为"胸针细节 1"。以"胸针细节 1"图层为上层、"圆角矩形 2"图层为下层，对"胸针细节 1"图层创建剪贴蒙版，调整两个图层的位置。使用类似的方法制作另外两个细节效果。

第 6 步：保存文件

完成商品详情功能模块的设计与制作，保存文件。

本章关键词

商品详情页；主图；商品详情。

本章习题

一、单选题

1. 速卖通的主图最多可以上传（　　）张图片。
   A．2　　　　　　B．5　　　　　　C．6　　　　　　D．8
2. 在主图设计过程中，最重要的元素是（　　）。
   A．产品图片　　　B．文案　　　　　C．Logo　　　　　D．其他
3. 商品主图最终需要实现的目标是（　　）。
   A．美观　　　　　B．好的体验感　　C．激发兴趣　　　D．高点击率
4. 通过与同类商品比较或使用商品前后进行比较，实现挖掘商品优势、增强消费者对网店信任的图为（　　）。
   A．宣传广告图　　B．商品模特图　　C．商品对比图　　D．关联营销广告
5. 以下不属于商品详情设计要点的是（　　）。
   A．统一的设计风格　　　　　　　　B．合理的设计逻辑
   C．高效的视觉呈现　　　　　　　　D．更高的点击率

二、多选题

1. 以下关于速卖通主图的说法，正确的是（　　）。
   A．图片格式支持 JPG、JPEG 和 PNG
   B．图片大小不超过 5MB
   C．建议不要在商品图片上添加水印等信息
   D．切勿盗图
2. 以下属于主图常用的构图方式的是（　　）。
   A．三分法构图　　B．三角形构图　　C．对角线构图　　D．直线式构图
3. 速卖通主图的比例可以是（　　）。
   A．1:1　　　　　B．4:3　　　　　C．3:4　　　　　D．16:9
4. 以下属于商品详情基本内容的是（　　）。

A．商品整体图　　B．商品细节图　　C．商品卖点图　　D．商品陈列区

5．FABE 法则是一种非常实用的营销法则，应用它可以指导商品详情页的设计工作，FABE 法则的关键环节是（　　）。

A．Features　　B．Advantages　　C．Benefits　　D．Evidence

三、判断题

1．商品主图只起到展示商品的作用，对商品的转化率没有任何影响。（　　）

2．商品主图上可以添加 Logo，但需要大小适中且统一位置，不能遮挡图片主体。

（　　）

3．商品主图不允许出现拼图。（　　）

4．商品详情中可以包括关联商品的营销图。（　　）

5．商品详情需要到消费者的认可，使消费者产生消费的欲望，做出购买的决策。

（　　）

四、实践题

假设你准备开设一家速卖通店铺，请选择店铺的一个商品进行商品详情的设计，要求具有合理的设计逻辑。选择其中的一个功能模块设计出效果图，要求宽度为 960 像素、高度自定义，风格与上一章首页保持一致。

本章进一步阅读资料

1．左瑞瑞，叶文静．跨境电商 B2B 背景下产品详情页优化技巧——以阿里巴巴国际站平台为例[J]．对外经贸实务，2020,(07):69-72.

2．罗俊．跨境电商 B2C 背景下产品详情页优化技巧分析——以阿里巴巴全球速卖通平台为例[J]．对外经贸实务，2018,(04):63-66.

3．李军林，时潘潘．天猫宝贝详情页汽车用品广告受众分析[J]．当代传播，2015,(04):105-107.

第四篇

网店设计综合训练

第 9 章
PC 端网店设计与装修

第 9 章　PC 端网店设计与装修

学习目标

知识目标

1. 综合复习巩固前面所学知识。
2. 知道 PC 端网店设计与装修的流程。

能力目标

1. 定位网店风格。
2. 确定网店色彩搭配。
3. 确定 PC 端网店页面布局。
4. 设计 PC 端网店首页。
5. 设计 PC 端网店商品详情页。
6. 提升艺术审美能力。
7. 提升创新能力。

素养目标

1. 具备良好的艺术审美能力。
2. 具备积极的创新精神。
3. 培养认真踏实、精益求精的工匠精神。

知识思维导图

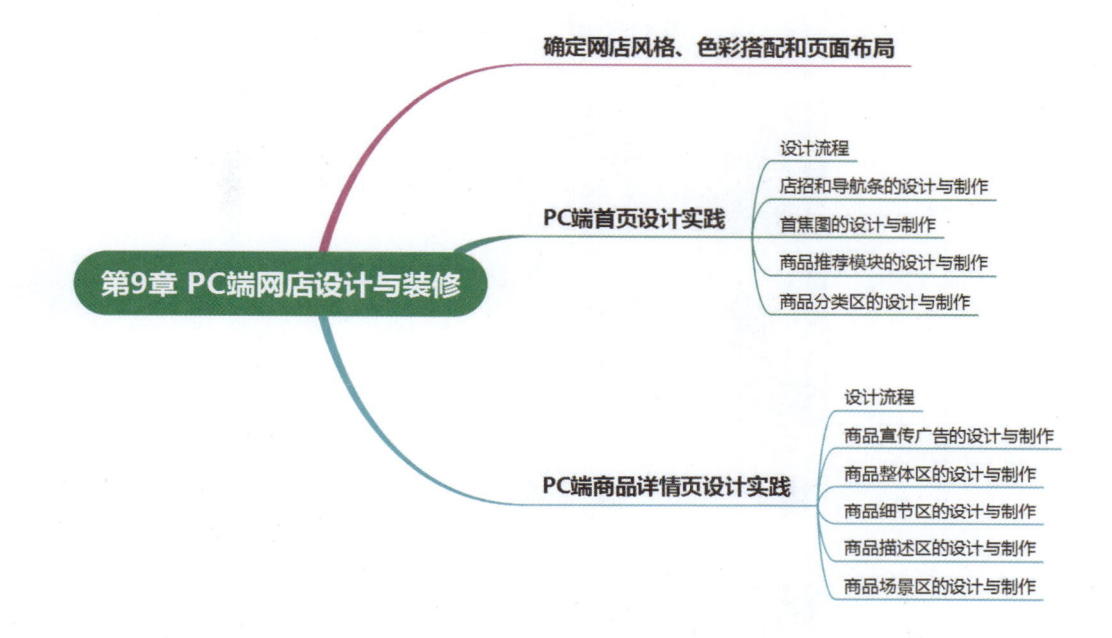

第9章 PC端网店设计与装修
- 确定网店风格、色彩搭配和页面布局
- PC端首页设计实践
  - 设计流程
  - 店招和导航条的设计与制作
  - 首焦图的设计与制作
  - 商品推荐模块的设计与制作
  - 商品分类区的设计与制作
- PC端商品详情页设计实践
  - 设计流程
  - 商品宣传广告的设计与制作
  - 商品整体区的设计与制作
  - 商品细节区的设计与制作
  - 商品描述区的设计与制作
  - 商品场景区的设计与制作

9.1 确定网店风格、色彩搭配和页面布局

1．网店风格

本案例为哲品茶具品牌店设计首页和商品详情页，网店页面通过商品展示传递"爱艺术、享生活"的理念，诠释深厚的中国文化底蕴，表现"茶如人生、沉时坦然、浮时淡然"的人生哲理。效果如图9-1所示。

2．色彩搭配

本案例主要采用黑白灰非彩色系，给人以恬淡舒适、稳重大方的感觉。画面中的同一种颜色在明度上进行变化，形成较好的层次感。页面色彩搭配情况如图9-2所示。

3．页面布局

在首页页面布局上，本案例采用了单向型视觉流程版式布局的方式，整个页面非常直观、流畅。在首页商品推荐模块，推荐商品以小海报的形式展示，在排列上错落有致，如中国画虚实留白的意境，产生节奏与韵律，使消费者的感官体验更好，能够给消费者留下深刻的印象，如图9-3所示。

图9-1　PC端页面效果

图9-2 页面色彩搭配情况

图9-3 PC端页面布局

9.2 PC端首页设计实践

9.2.1 设计流程

操作步骤

第1步：店招和导航条的设计与制作

使用水纹背景图案填充页面背景。在店招区域的左侧添加网店Logo、网店名称、广告语、"Collect"按钮。店招的下方是导航条，先使用黑色填充背景，再使用横排文字工具输入文案，如图9-4所示。

第2步：首焦图的设计与制作

首焦图采用左文右图的两栏布局，背景填充为上深下浅的灰色渐变。主推商品作为画面主要元素，添加图层蒙版，使图像与背景过渡自然，使用矩形工具绘制黑色矩形，使用横排文字工具添加文案，如图9-5所示。

图9-4　PC端店招导航条　　　　　图9-5　PC端首焦图

第3步：商品推荐模块的设计与制作

采用相似的布局制作两个商品推荐模块，第一个商品推荐模块展示热卖商品，第二个商品推荐模块展示新品，适当调整布局，在统一的基础上稍做变化，如图9-6所示。

第 4 步：商品分类区的设计与制作

先使用横排文字工具制作标题栏，再使用矩形选框工具创建商品分类区的选区，使用黑色填充，将固定宽高比例的商品展示素材放入画面，最后输入对应的文字，如图 9-7 所示。

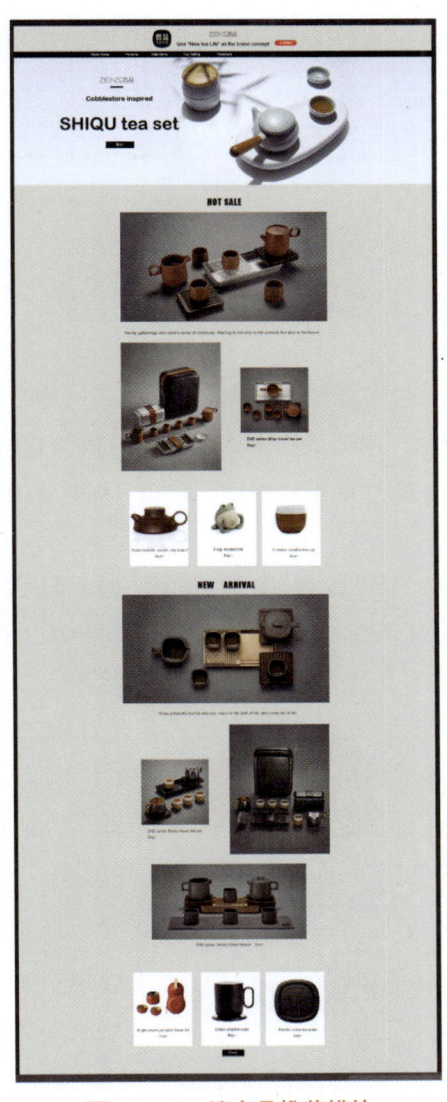

图9-6　PC 端商品推荐模块

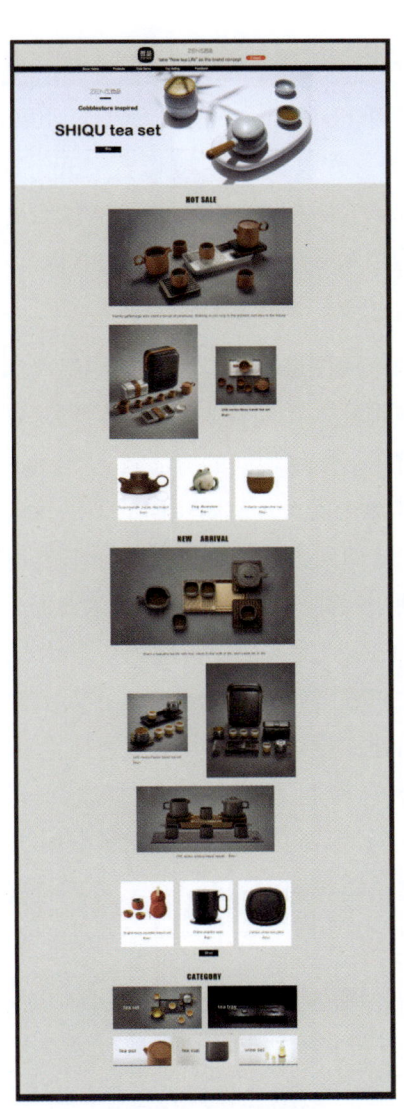

图9-7　PC 端商品分类区

9.2.2　店招和导航条的设计与制作

店招和导航条的最终效果如图 9-8 所示。

9.2.2　实践任务：首页店招和导航条设计与制作

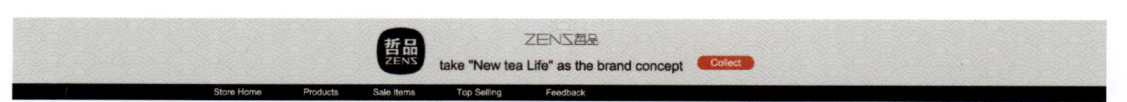

图9-8 店招和导航条的最终效果

操作步骤

第1步：新建文件

打开Photoshop，使用Ctrl+N组合键新建文件，将文件命名为"哲品茶具PC端首页设计"。将文件设置为1920像素×5300像素、72像素/英寸、白色背景、RGB颜色模式。

在垂直方向350像素、1550像素处分别添加参考线，水平方向150像素处添加参考线，确定店招和导航条的大小为1200像素×150像素。

第2步：制作品牌部分内容

为方便图层管理，新建图层组"店招"。

使用置入功能置入"底纹"图片素材，在选项栏中将其调整到合适的大小，按回车键确认置入。使用相同的方法置入"LOGO"图片素材，在选项栏中将其大小调整为80%，按回车键确认置入。使用相同的方法置入"LOGO2"图片素材，在选项栏中将其大小调整为80%并移动到合适的位置，按回车键确认置入。

使用横排文字工具，将字体设置为"Arial"，字号设置为"20点"，颜色设置为黑色，在"LOGO2"图片的下方输入广告语"take "New tea Life" as the brand concept"，将"LOGO2"图层的对齐方式设置为水平居中对齐。

新建图层组"收藏店铺"，选择工具箱中的圆角矩形工具，将填充颜色设置为RGB（235，30，15），绘制100像素×25像素、半径为12像素的圆角矩形。使用横排文字工具，将字体设置为"Arial"，字号设置为"18点"，颜色设置为白色，输入文字"Collect"。将文字图层和圆角矩形图层的对齐方式分别设置为水平居中对齐和垂直居中对齐。

第3步：制作导航条

新建图层组"导航条"，在其中新建图层"导航条背景"，使用矩形选框工具创建1920像素×30像素的选区，使用黑色填充。使用横排文字工具，将字体设置为"Arial"，字号设置为"16点"，颜色设置为白色，输入导航条中的文字信息"Store Home""Products""Sale Items""Top Selling""Feedback"，将文字和导航条背景的对齐方式设置为垂直居中对齐。

9.2.3 首焦图的设计与制作

首焦图的最终效果如图9-9所示。

9.2.3 实践任务：首页首焦图设计与制作

图9-9　首焦图的最终效果

操作步骤

第1步：制作背景图像

新建图层组"首焦图"。在水平方向 750 像素处添加参考线。新建图层"首焦图背景"，使用矩形选框工具创建 1920 像素×600 像素的选区。将"前景色"设置为 RGB（224，230，244），"背景色"设置为（240，244，252），使用渐变工具，将渐变类型设置为线性渐变，选择前景到背景渐变模式，在选区中从上到下拖动填充渐变。

置入"氛围图"图片素材，在选项栏中将其大小调整为 30%，按回车键确认置入。选择氛围图，添加图层蒙版。选择画笔工具，将"前景色"设置为黑色，画笔硬度设置为 0，不透明度设置为 20%，在氛围图右侧较明显的边界线处涂抹，使氛围图与背景图过渡更自然。

第2步：制作文案

新建图层组"文案"，置入"LOGO2"图片素材，在选项栏中将其调整到合适的大小。

使用矩形工具绘制一个黑色小矩形，移动到"LOGO2"图片下方。将"LOGO2"图层和矩形图层的对齐方式设置为水平居中对齐。

使用横排文字工具，将字体设置为"Arial Rounded MT BLOD"，字号设置为"30 点"，颜色设置为白色，输入文字"Cobblestore inspired"。

继续使用横排文字工具，将字体设置为"Arial Rounded MT BLOD"，字号设置为"80 点"，颜色设置为黑色，输入文字"SHIQU tea set"。

使用矩形工具绘制 130 像素×30 像素的矩形，将字体设置为 Arial，字号设置为"18 点"、颜色设置为白色，输入文字"Buy"。将矩形图层、"Buy"文字图层的对齐方式设置为水平居中对齐。

9.2.4　商品推荐模块的设计与制作

1. 制作热卖商品推荐模块

热卖商品推荐模块的最终效果如图 9-10 所示。

图9-10 热卖商品推荐模块的最终效果

操作步骤

第1步：添加参考线，确定显示空间

在水平方向780像素处添加参考线，在热卖商品推荐模块和首焦图的垂直方向上留出一定的空间。继续在水平方向2510像素处添加参考线，确定第一个商品推荐模块的显示空间。在垂直方向485像素、1435像素处分别添加参考线，确定垂直空间。新建图层组"商品推荐模块"。

第2步：制作热卖商品展示部分

在"商品推荐模块"图层组中新建图层组"热卖商品"。在水平方向880像素处添加参考线，使用横排文字工具，将字体设置为"Impact"，字号设置为"40点"，颜色设置为黑色，输入文字"HOT SALE"。

在"热卖商品"图层组下新建图层组"组 1",在水平方向 1400 像素处添加参考线,选择矩形工具,绘制一个 950 像素×520 像素的黑色矩形,作为热卖商品图 1 的占位。置入"商品 1"图片素材,在选项栏中将其大小调整为 30%,按回车键确认置入。右击,在弹出的快捷菜单中选择"栅格化图层"命令,将图层栅格化。选择仿制图章工具,以商品图周围的像素为采样点,填充商品图片两端缺失的部分,注意可以通过调整仿制图章的不透明度使图像与两边像素更加融合。选择"商品 1"图层,创建剪贴蒙版。

在水平方向 1500 像素处添加参考线,使用横排文字工具,将字体设置为"Arial",字体样式设置为"Bold",字号设置为"16 点",颜色设置为黑色,输入文字"Family gatherings also need a sense of ceremony. Sharing is not only in the present, but also in the future"。

在"热卖商品"图层组下新建图层组"组 2",在水平方向 2110 像素处添加参考线,选择矩形工具,绘制一个 460 像素×610 像素的黑色矩形,作为热卖商品图 2 的占位,并且使其与垂直位置 485 像素处的参考线左对齐。置入"商品 2"图片素材,在选项栏中将其大小调整为 20%,按回车键确认置入。选择"商品 2"图层,创建剪贴蒙版。

在"热卖商品"图层组下新建图层组"组 3",再次使用矩形工具绘制一个 310 像素×310 像素的黑色矩形,作为热卖商品图 3 的占位,并且使其在商品 2 右侧居中。置入"商品 3"图片素材,在选项栏中将其大小调整为 15%,按回车键确认置入。选择"商品 3"图层,创建剪贴蒙版。使用横排文字工具,将字体设置为"Arial",字体样式设置为"Bold",字号设置为"16 点",颜色设置为黑色,输入文字"ZHE series-Miao travel tea set Buy>"。

在"热卖商品"图层组下新建图层组"组 4",在水平方向 2570 像素处添加参考线,选择矩形工具,绘制一个 270 像素×345 像素的白色矩形,作为热卖商品图 4 的占位,并且使其位于左侧。置入"商品 4"图片素材,在选项栏中将其大小调整为 35%,按回车键确认置入。选择"商品 4"图层,创建剪贴蒙版。使用横排文字工具,将字体设置为"Arial",字体样式设置为"Regular",字号设置为"16 点",颜色设置为黑色,输入文字"Round handle purple clay teapot Buy>"。

复制图层组"组 4",重命名为"组 5"。将"组 5"图层组移动到中间位置,删除"商品 4"图层,置入"商品 5"图片素材,在选项栏中将其大小调整为 35%,按回车键确认置入。选择"商品 5"图层,创建剪贴蒙版。将其下方的文字修改为"Frog decoration Buy>"。

使用同样的方法,复制图层组"组 4",重命名为"组 6"。将"组 6"图层组移动到右侧位置,删除"商品 5"图层,置入"商品 6"图片素材,在选项栏中将其大小调整为 35%,按回车键确认置入。选择"商品 6"图层,创建剪贴蒙版。将其下方的文字修改为"Portable celadon tea cup Buy>"。

2. 制作新品推荐模块

新品推荐模块的最终效果如图 9-11 所示。

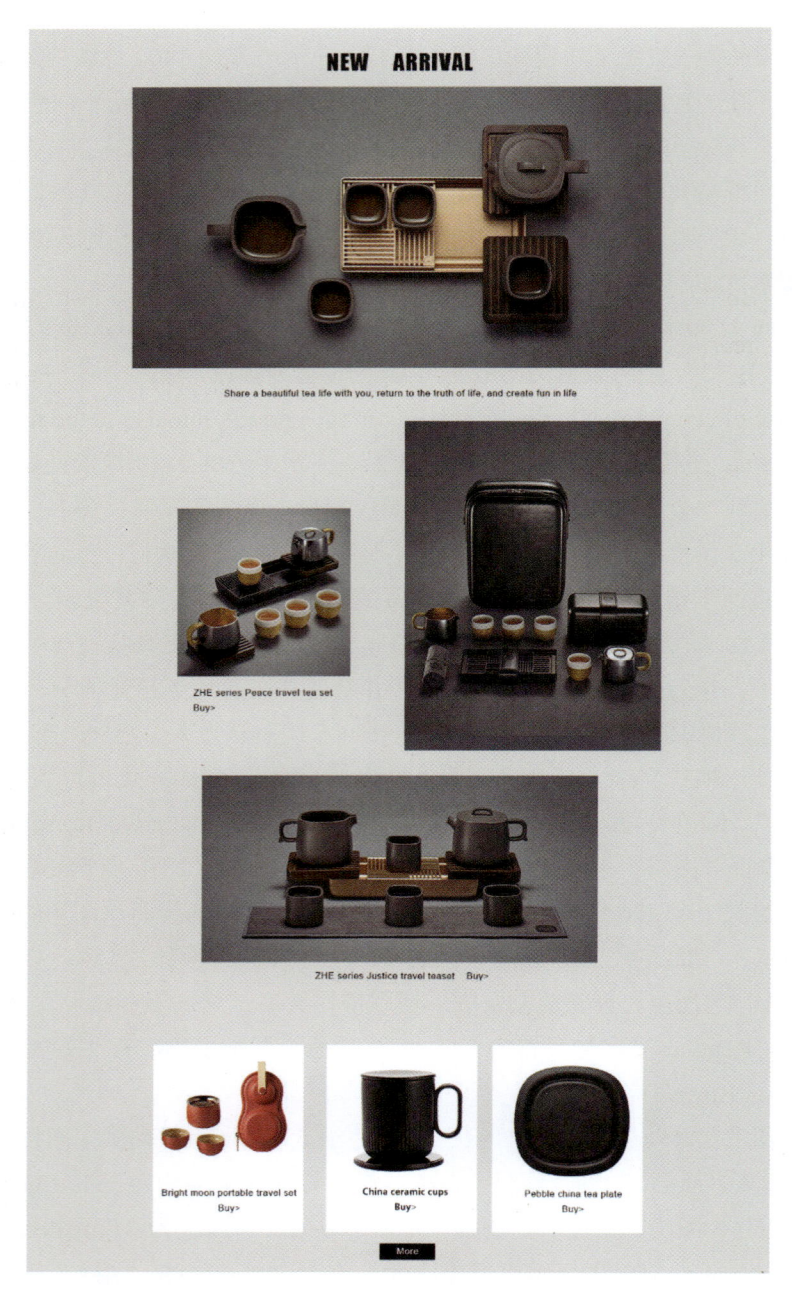

图9-11 新品推荐模块的最终效果

新建图层组"新品推荐"。在水平方向2600像素、2700像素处添加参考线,使用横排文字工具,将字体设置为"Impact",字号设置为"40点",颜色设置为黑色,输入文字"NEW ARRIVAL"。

在水平方向3220像素处添加参考线,将"热卖商品"图层组下的"组1"图层组复制到当前图层组下,并且将其移动到新添加的参考线中间,删除"商品1"图层,置入"商品

7"图片素材,在选项栏中将其大小调整为30%,按回车键确认置入。右击,在弹出的快捷菜单中选择"栅格化图层"命令,将图层栅格化。选择仿制图章工具,以商品图周围的像素为采样点,填充商品图片两端缺失的部分,注意可以通过调整仿制图章的不透明度使图像与两边像素更加融合。选择"商品7"图层,创建剪贴蒙版。

在水平方向3320像素处添加参考线,使用横排文字工具,将字体设置为"Arial",字体样式设置为"Bold",字号设置为"16点",颜色设置为黑色,输入文字"Share a beautiful tea life with you, return to the truth of life, and create fun in life"。

在水平方向3320像素处添加参考线,将"热卖商品"图层组下的"组2"图层组复制到当前图层组下,并且将其移动到新添加的参考线的右侧。删除"商品2"图层,置入"商品8"图片素材,在选项栏中将其大小调整为17%,按回车键确认置入。选择"商品8"图层,创建剪贴蒙版。

将"热卖商品"图层组下的"组3"图层组复制到当前图层组下,并且将其移动到新添加的参考线的左侧。删除"商品3"图层,置入"商品9"图片素材,在选项栏中将其大小调整为11%,按回车键确认置入。选择"商品9"图层,创建剪贴蒙版。双击"组3拷贝"图层组中的文本图层,将文字内容修改为"ZHE series Peace travel tea set Buy>"。

在水平方向4380像素处添加参考线,新建图层组"组7"。选择矩形工具绘制一个710像素×350像素的黑色矩形,作为热卖商品10的占位。置入"商品10"图片素材,在选项栏中将其大小调整为30%,按回车键确认置入。选择"商品10"图层,创建剪贴蒙版。使用横排文字工具,将字体设置为"Arial",字体样式设置为"Regular",字号设置为"16点",颜色设置为黑色,输入文字"ZHE series Justice travel teaset　Buy>"。

在水平方向4900像素处添加参考线,将热卖商品的图层组"组4"、"组5"和"组6"复制到当前图层组下,并且将其移动到新添加的参考线和前一条参考线之间。删除各图层组的商品图层,使用"商品11"、"商品12"和"商品13"图片素材替换商品图片,并且将商品名称修改为"Bright moon portable travel set""China ceramic cups""Pebble china tea plate"。

选择矩形工具,绘制一个100像素×30像素的黑色矩形。将字体设置为"Arial",字体样式设置为"Regular",字号设置为"16点",颜色设置为白色,输入文字"More"。

9.2.5　商品分类区的设计与制作

商品分类区的最终效果如图9-12所示。

9.2.5　实践任务:首页商品分类区设计与制作

图9-12　商品分类区的最终效果

操作步骤

第 1 步：制作顶部标题

新建图层组"商品分类区",在水平方向 4930 像素、5030 像素处添加参考线,使用横排文字工具,将字体设置为"Impact",字号设置为"40 点",颜色设置为黑色,输入文字"CATEGORY"。

第 2 步：制作分类一区

在水平方向 5255 像素处添加参考线,新建图层组"组 1"。选择矩形工具,在新添加的参考线和前一条参考线之间绘制一个 460 像素×225 像素的黑色矩形,作为商品分类 1 的占位。置入"商品分类 1"图片素材,在选项栏中将其大小调整为 11%,按回车键确认置入。右击,在弹出的快捷菜单中选择"栅格化图层"命令,将图层栅格化。选择仿制图章工具,以商品图周围的像素为采样点,填充商品图片两端缺失的部分,注意可以通过调整仿制图章的不透明度使图像与两边像素更加融合。选择画笔工具,将"前景色"设置为黑色,不透明度设置为 30%,在处理后的图片的左下方制造深色阴影。选择"商品分类 1"图层,创建剪贴蒙版。使用横排文字工具,将字体设置为"Arial",字体样式设置为"Regular",字号设置为"25 点",颜色设置为白色,在图片左侧输入文字"tea set"。

复制图层组"组 1"并移动到商品分类栏右侧。打开图层组"组 5 拷贝",删除其下的"商品分类 1"图层,置入"商品分类 2"图片素材,在选项栏中将其大小调整为 11%,按回车键确认置入。用与商品分类 1 相似的处理方法处理图片,补全图片。双击文本图层,将文本内容修改为"tea tray"。

第 3 步：制作分类二区

在水平方向 5295 像素处添加参考线,新建图层组"组 2"。选择矩形工具,绘制一个 300 像素×155 像素的黑色矩形,作为商品分类 3 的占位。置入"商品分类 3"图片素材,在选项栏中将其大小调整为6%，按回车键确认置入。右击，在弹出的快捷菜单中选择"栅格化图层"命令，将图层栅格化。选择仿制图章工具，以商品图周围的像素为采样点，填充商品图片两端缺失的部分，注意可以通过调整仿制图章的不透明度使图像与两边像素更加融合。选择"商品分类3"图层，创建剪贴蒙版。使用横排文字工具，将字体设置为"Arial"，字体样式设置为"Regular"，字号设置为"25点"，颜色设置为黑色，在图片左侧输入文字"tea pot"。

复制两次图层组"组2"，得到图层组"组2 拷贝"和图层组"组2 拷贝2"，将图层组"组2 拷贝2"移动到右侧。选择这三个图层组，使用选项栏中的水平居中分布功能使它们平均分布。使用与处理图层组"组2"图片素材的相同方式，在两个复制出来的图层组中删除原商品图片，分别置入"商品分类4"和"商品分类5"图片素材，并且使用相同的方法处理四周的像素。同时将文字内容分别修改为"tea cup""wine set"。

9.3 PC端商品详情页设计实践

9.3.1 设计流程

第1步：商品宣传广告的设计与制作

首先使用矩形工具绘制宣传广告的占位，然后置入图片素材并创建剪贴蒙版，最后使用横排文字工具输入文案，如图9-13所示。

第2步：商品整体区的设计与制作

首先使用横排文字工具输入文案，然后使用矩形工具绘制宣传广告的占位，最后置入图片素材并创建剪贴蒙版，如图9-14所示。

第3步：商品细节区的设计与制作

使用相同的结构形式安排四个细节图，单独处理第五个细节图。使用形状图层布局圆角形式，使用剪贴蒙版保证大小统一，如图9-15所示。

第4步：商品描述区的设计与制作

直接使用横排文字工具制作产品参数部分，如图9-16所示。

第5步：商品场景区的设计与制作

使用相同的结构形式安排两个场景区，第一个场景区将展示休闲时的场景，使用形状图层布局，使用剪贴蒙版保证大小统一。下方场景的描述也使用形状图层布局。第二个场景区展示工作场景，使用与第一个场景区相同的结构，适当改变左右布局，使两者对称，如图9-17所示。

图9-13　商品宣传广告　　　　图9-14　商品整体区　　　　图9-15　商品细节区

第 9 章　PC 端网店设计与装修

图9-16　商品描述区　　　　　图9-17　商品场景区

9.3.2　商品宣传广告的设计与制作

商品宣传广告从整体上对商品进行宣传，商品详情页宣传广告如图 9-18 所示。

图9-18　商品详情页宣传广告

9.3.2　实践任务：详情页宣传广告设计与制

操作步骤

打开 Photoshop，使用 Ctrl+N 组合键新建文件，将文件命名为"哲品茶具 PC 端商品详情页设计"。将文件设置为 960 像素×7800 像素、72 像素/英寸、白色背景，RGB 颜色模式。

在水平方向 1280 像素处添加参考线，确定宣传广告的大小为 960 像素×1280 像素。新建图层组"商品宣传广告"，选择矩形工具，绘制一个 960 像素×1280 像素的黑色矩形，作为商品广告图的占位。置入"商品广告图"图片素材，在选项栏中将其大小调整为 144%，按回车键确认置入。选择"商品广告图"图层，创建剪贴蒙版。使用横排文字工具，将字体设置为"Impact"，字号设置为"80 点"，颜色设置为黑色，在图片右侧空白处输入文字"SIMPLE&RELAX"。

9.3.3　商品整体区的设计与制作

商品整体区展示商品的整体效果，如图 9-19 所示。

9.3.3　实践任务：详情页产品整体图设计与制作

图9-19　商品整体区

操作步骤

第 1 步：制作标题

新建图层组"商品整体"，在水平方向 1530 处添加参考线，使用横排文字工具，将字体设置为"Impact"，字号设置为"40 点"，颜色设置为黑色，输入文字"Good utensil moistening tea"。再次使用横排文字工具，将字体设置为"Arial"，字号设置为"25 点"，颜色设置为黑色，输入文字"Good tea ware can gather fragrance and make tea more smooth"。

第 2 步：制作整体图

在水平方向 2900 像素处添加参考线，确定宣传广告的大小为 960 像素×1370 像素。选择矩形工具，绘制一个 960 像素×1370 像素的黑色矩形，作为商品整体图的占位。置入"商品整体图.jpg"图片素材，在选项栏中将其大小调整为 60%，按回车键确认置入。选择"商品整体图"图层，创建剪贴蒙版。

9.3.4　商品细节区的设计与制作

9.3.4　实践任务：详情页产品细节图设计与制作

根据商品详情页的整体风格设置商品细节区的布局，使画面更统一，如图 9-20 所示。

图9-20　商品详情页商品细节区

操作步骤

第 1 步：制作标题

新建图层组"商品细节",在水平方向 3150 像素处添加参考线,在垂直方向 30 像素和 930 像素处添加参考线。使用横排文字工具,将字体设置为"Impact",字号设置为"40 点",颜色设置为黑色,输入文字"Pay attention to every detail"。再次使用横排文字工具,将字体设置为"Arial",字号设置为"25 点",颜色设置为黑色,输入文字"Little by little, the craftsman spirit is embodied everywhere"。

第 2 步：制作商品细节区 1

在"商品细节"图层组下新建图层组"组 1",在水平方向 4620 像素处添加参考线。选择矩形工具,绘制一个 435 像素×700 像素、圆角度为 30 的黑色圆角矩形,作为商品细节图 1 的占位,将其与参考线左上角对齐。置入"商品细节图 1"图片素材,在选项栏中将其大小调整为 40%，按回车键确认置入。右击，在弹出的快捷菜单中选择"栅格化图层"命令，将图层栅格化。选择仿制图章工具，以此图上部的像素为采样点，填充图片上部缺失的部分，注意可以通过调整仿制图章的不透明度使图像与两边像素更加融合。选择"商品细节图 1"图层，创建剪贴蒙版。使用横排文字工具，将字体设置为"Impact"，字号设置为"30 点"，颜色设置为黑色，在图片上方的空白处输入文字"White Porcelain"。

复制图层组"组 1"，重命名为"组 2"，将其与参考线右上角对齐。删除"商品细节图 1"图层，置入"商品细节图 2"，在选项栏中将其大小调整为 110%，按回车键确认置入。右击，选择"栅格化图层"命令，将图层栅格化。选择仿制图章工具，以此图上部的像素为采样点，填充图片上部缺失的部分，注意可以通过调整仿制图章的不透明度使图像与两边像素更加融合。选择"商品细节图 1"图层，创建剪贴蒙版。使用横排文字工具，将字体设置为"Impact"，字号设置为"30 点"，颜色设置为黑色，在图片上方的空白处输入文字"Unique Tea Tray"。

选中并复制图层组"组 1"和"组 2"，分别重命名为"组 3"和"组 4"，将它们两个移动到下部，使底边与参考线对齐。

打开图层组"组 3"，删除"商品细节图 1"图层，置入"商品细节图 3"图片素材，在选项栏中将其大小调整为 200%，旋转角度调整为 45°，按回车键确认置入。选择"商品细节图 3"图层，创建剪贴蒙版。使用横排文字工具，将字体设置为"Impact"，字号设置为"30 点"，颜色设置为黑色，在图片上方的空白处输入文字"Pebble Pot Cover"。

打开图层组"组 4"，删除"商品细节图 2"图层，置入"商品细节图 4"图片素材，在选项栏中将其大小调整为 75%，旋转角度调整为 90°，按回车键确认置入。选择"商品细节图 4"图层，创建剪贴蒙版。使用横排文字工具，将字体设置为"Impact"，字号设置为"30 点"，颜色设置为黑色，在图片上方的空白处输入文字"Teak Hand Shank"。

第 3 步：制作商品细节区 2

在"商品细节"图层组下新建图层组"组 5"，在水平 4630 像素、5330 像素处添加参考线，选择矩形工具，绘制一个 960 像素×700 像素的矩形，作为商品细节图 5 的占位，将其与参考线左上角对齐。置入"商品细节图 5"图片素材，在选项栏中将其大小调整为 130%，按回车键确认置入。选择"商品细节图 5"图层，创建剪贴蒙版。使用横排文字工具，将字体设置为"Impact"，字号设置为"30 点"，颜色设置为黑色，在图片上方空白处输入文字"Exquisite Tea Cup"。

9.3.5 商品描述区的设计与制作

9.3.5 实践任务：详情页产品描述图设计与制作

商品描述区全部使用文字的形式展示商品，简洁大方，如图 9-21 所示。

图9-21　PC端详情页商品描述图

新建图层组"商品描述"，在水平方向5800像素处添加参考线。使用横排文字工具，将标题文字的字体设置为"Impact"，字号设置为"40点"，颜色设置为黑色，在图片上方的空白处输入文字"Product Parameters"。下方具体参数的标签部分采用"Impact"字体，详细描述部分采用"Arial"字体，字号均为"25点"。

9.3.6　商品场景区的设计与制作

商品场景区分为居家休闲场景区和办公场景区，两个场景区采用相同的布局，如图9-22所示。

9.3.6　实践任务：详情页产品场景图设计与制作

图9-22　商品场景区

操作步骤

第 1 步：制作标题

新建图层组"商品场景"，在水平方向 5950 像素处添加参考线。使用横排文字工具，将字体设置为"Impact"，字号设置为"40 点"，颜色设置为黑色，输入文字"Applicable Scene"。

第 2 步：制作场景 1

新建图层组"组 6"，在水平方向 6050 像素处添加参考线。使用横排文字工具，将字体设置为"Impact"，字号设置为"30 点"，颜色设置为黑色，输入文字"Home"。选择矩形工具，将填充颜色设置为无，边框颜色设置为黑色，边框粗细设置为 4 点，绘制一个 100 像素×45 像素的黑色矩形框，使用此矩形框框住文字"Home"，此时文字与框位于该区域居中位置。

在水平方向 6600 像素处添加参考线。选择矩形工具，绘制一个 960 像素×550 像素的黑色矩形，作为商品场景图 1 的占位，将其与参考线左上角对齐。置入"商品场景图 1"图片素材，在选项栏中将其大小调整为 89%，按回车键确认置入。选择"商品场景图 1"图层，创建剪贴蒙版。

在水平方向 6850 像素处添加参考线。选择矩形工具，绘制一个 400 像素×250 像素、填充颜色为 GB（200，145，100）的矩形，作为商品场景图 2 的占位，将其与参考线左上角对齐。置入"商品场景图 2"图片素材，在选项栏中将其大小调整为 17%，按回车键确认置入。将商品场景图 2 的不透明度调整为 30%，创建剪贴蒙版。使用横排文字工具，将字体设置为"Impact"，字号设置为"30 点"，颜色设置为白色，输入文字"At home"。

选择矩形工具，绘制一个 560 像素×250 像素、填充颜色为 RGB（174，148，131）的矩形，作为场景描述的占位，将其与参考线右上角对齐。

使用横排文字工具，将字体设置为"Arial"，字号设置为"20 点"，颜色设置为黑色，在右侧浅棕背景上输入文字"Brew a cup of fragrant black tea. Whether you are looking at the flowers in the courtyard or the clouds in the sky, you can slowly experience the beauty of life."

第 3 步：制作场景 2

在水平方向 7750 像素处添加参考线，复制图层组"组 6"，重命名为"组 7"，向下移动到下边线，与参考线对齐。

将文字"Home"替换为"OFFICE"。图片"商品场景图 1"替换为"商品场景图 3"，"商品场景图 2"替换为"商品细节图 4"，适当调整大小和不透明度。对换下方两个区域并修改相应的文字，"At home"修改为"At office"，"Brew a cup of fragrant black tea. Whether you are looking at the flowers in the courtyard or the clouds in the sky, you can slowly experience the beauty of life."修改为"You can taste the elegance of tea drinking in the process of tea making.

Let you calm down in the midst of busy business. Give yourself time to rest and cheer for the next work."。

本章关键词

店铺风格；色彩搭配；页面布局；PC 端首页设计；PC 端商品详情页设计。

本章习题

自选一种地方特色商品，自创一个品牌进行 PC 端网店设计与装修。

第 10 章
移动端网店设计与装修

第 10 章　移动端网店设计与装修

学习目标

知识目标

1. 综合复习巩固前面所学知识。
2. 知道移动端网店设计与装修的流程。

能力目标

1. 定位网店风格。
2. 确定网店色彩搭配。
3. 确定移动端网店页面布局。
4. 设计移动端网店首页。
5. 设计移动端网店商品详情页。
6. 提升艺术审美能力。
7. 提升创新能力。

素养目标

1. 具备良好的艺术审美能力。
2. 具备积极的创新精神。
3. 培养认真踏实、精益求精的工匠精神。

知识思维导图

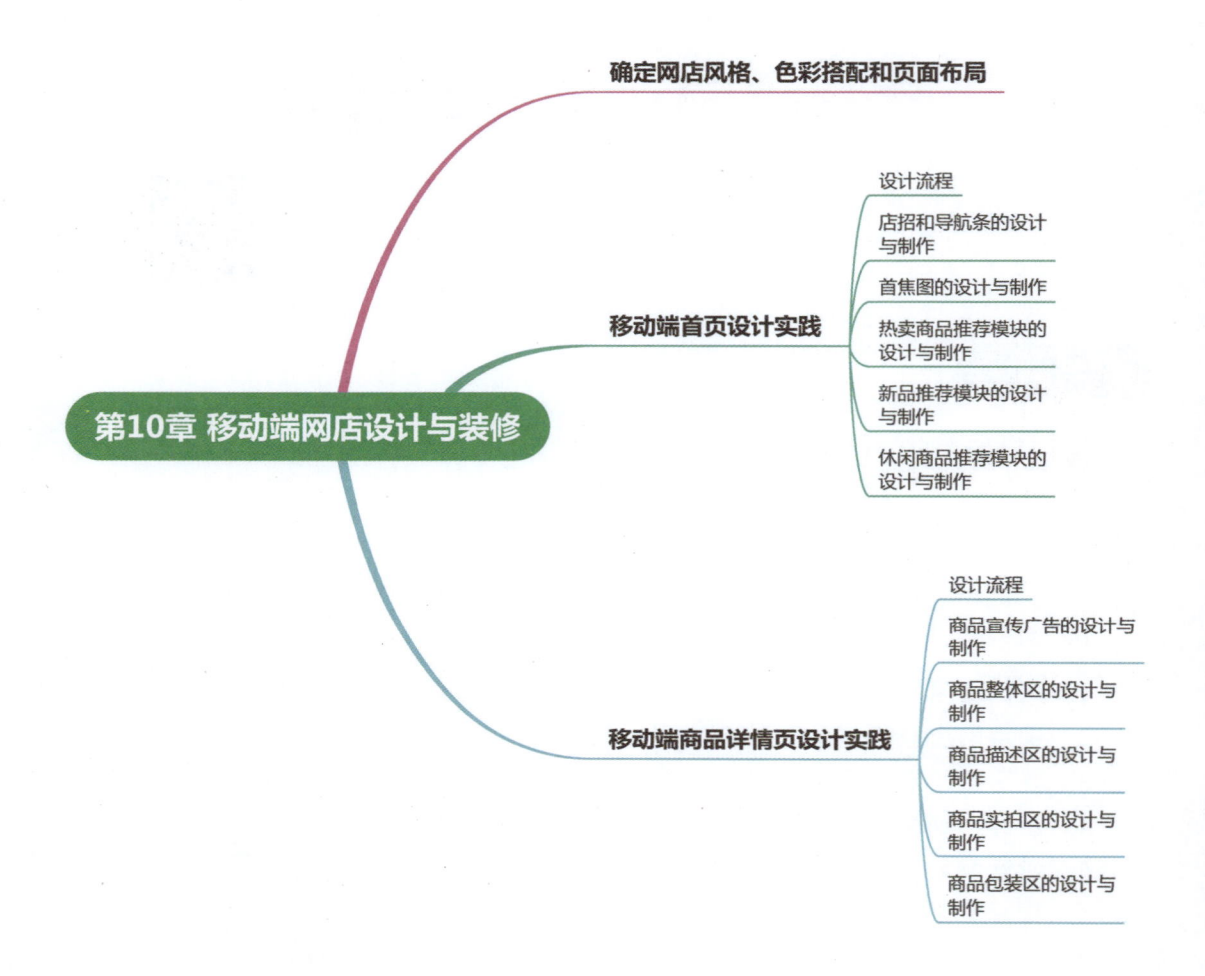

第10章 移动端网店设计与装修
- 确定网店风格、色彩搭配和页面布局
- 移动端首页设计实践
  - 设计流程
  - 店招和导航条的设计与制作
  - 首焦图的设计与制作
  - 热卖商品推荐模块的设计与制作
  - 新品推荐模块的设计与制作
  - 休闲商品推荐模块的设计与制作
- 移动端商品详情页设计实践
  - 设计流程
  - 商品宣传广告的设计与制作
  - 商品整体区的设计与制作
  - 商品描述区的设计与制作
  - 商品实拍区的设计与制作
  - 商品包装区的设计与制作

10.1 确定网店风格、色彩搭配和页面布局

由于移动端显示区域有限，因此展示的内容不能像 PC 端那么丰富，而是要简单明了，让消费者能直接看到信息，同时，页面上不能有太多的文字。本案例的网店风格、色彩搭配和页面布局依然延续 PC 端，如图 10-1 所示。

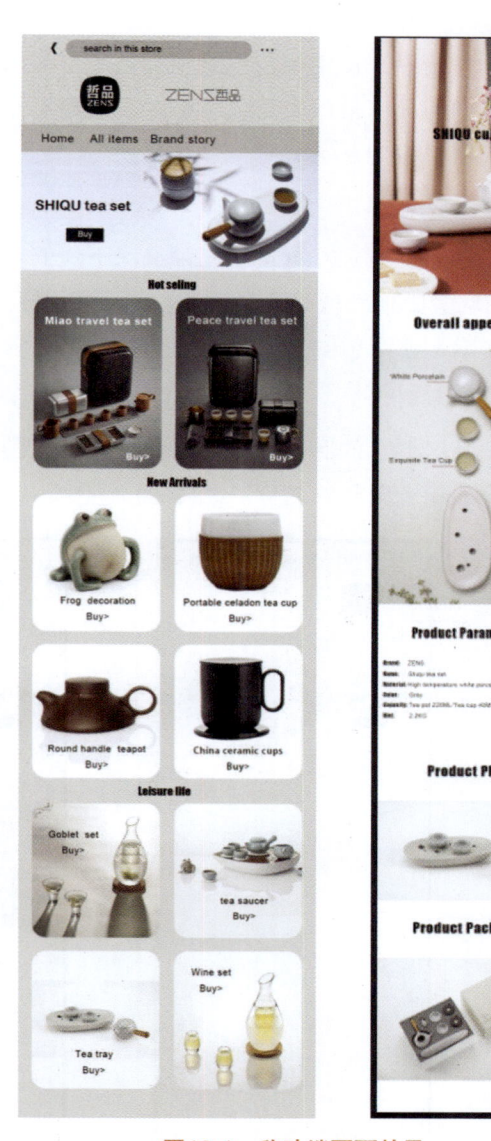

图10-1 移动端页面效果

10.2 移动端首页设计实践

10.2.1 设计流程

操作步骤

第1步：店招和导航条的设计与制作

使用灰色填充背景。置入水纹背景图案填充店招背景。在店招区域的中间添加网店

Logo、网店名称。店招上方为搜索栏,使用中灰色绘制圆角矩形作为搜索栏背景,并且制作相应的辅助按钮。店招的下方为导航条,先绘制一个中灰色矩形作为导航背景,再使用横排文字工具输入导航内容,如图10-2所示。

第2步:首焦图的设计与制作

首焦图采用左文右图的两栏布局方式,背景填充为上深下浅的灰色渐变,选择主推商品作为画面主要元素,使用图层蒙版使图像与背景过渡自然。使用矩形工具绘制黑色矩形,最后使用横排文字工具添加文案,如图10-3所示。

第3步:热卖商品区的设计与制作

采用相同的形式对热卖商品区展示的商品进行布局,使用形状图层和剪贴蒙版保证大小统一,使用横排文本工具输入相应商品的名称,如图10-4所示。

图10-2 移动端店招和导航条　　图10-3 移动端首焦图　　图10-4 移动端热卖商品区

第 4 步：新品推荐区的设计与制作

采用 2×2 的结构形式安排 4 个商品，使用形状图层和剪贴蒙版保证大小统一，使用横排文本工具输入相应商品的名称，如图 10-5 所示。

第 5 步：休闲商品区的设计与制作

布局与新品推荐区相同，采用 2×2 的结构形式安排 4 个商品，使用形状图层和剪贴蒙版保证大小统一，使用横排文本工具输入相应商品的名称，如图 10-6 所示。

图10-5　移动端新品推荐区

图10-6　移动端休闲商品区

10.2.2 店招和导航条的设计与制作

店招和导航条的最终效果如图 10-7 所示。

10.2.2 实践任务：首页店招和导航条设计与制作

图10-7 移动端店招和导航条最终效果

操作步骤

第 1 步：新建文件

打开 Photoshop，使用 Ctrl+N 组合键新建文件，将文件命名为"哲品茶具移动端首页设计"。将文件设置为 640 像素×2400 像素、72 像素/英寸、白色背景、RGB 颜色模式。在水平方向 200 像素、260 像素处添加参考线，确定店招的大小为 640 像素×260 像素。将背景颜色填充为灰色 RGB（220，220，220）。

第 2 步：制作品牌部分内容

为方便管理图层，新建图层组"店招"。

使用置入功能置入底纹，在选项栏中将其调整到合适的大小，按回车键确认置入。使用相同的方法置入"LOGO"图片素材，在选项栏中将其大小调整为80%，按回车键确认置入。使用相同方法置入素材"LOGO2"，将其移动到合适的位置，按回车键确认置入。

第 3 步：制作搜索店铺部分内容

新建图层组"搜索店铺"。选择圆角矩形工具，将填充颜色设置为 RGB（100，100，100），绘制 400 像素×40 像素、圆角度为 30 的圆角矩形，将圆角矩形图层的不透明度设置为 35%。使用横排文字工具，将字体设置为"Arial"，字号设置为"20 点"，颜色设置为黑色，输入"search in this store"。

选择自定形状工具，将箭头形状追加到形状库中，选择"箭头 2"选项，绘制一个 12 像素×25 像素的黑色箭头。选择"编辑"→"变换路径"→"水平翻转"命令，将箭头水平翻转并移动到搜索框前面。

使用横排文字工具，将字体设置为"Arial"，字号设置为"40 点"、颜色设置为黑色，输入"…"，放在搜索框之后。

第 4 步：制作导航条

新建图层组"导航条"，选择矩形工具，将填充颜色设置为 RGB（192，192，192），绘制一个 640 像素×60 像素的矩形。使用横排文字工具，将字体设置为"Arial"，字号设置为"25 点"，颜色设置为黑色，输入"Home""All items""Brand story"。

10.2.3　首焦图的设计与制作

首焦图的最终效果如图 10-8 所示。

10.2.3　实践任务：首页首焦图设计与制作

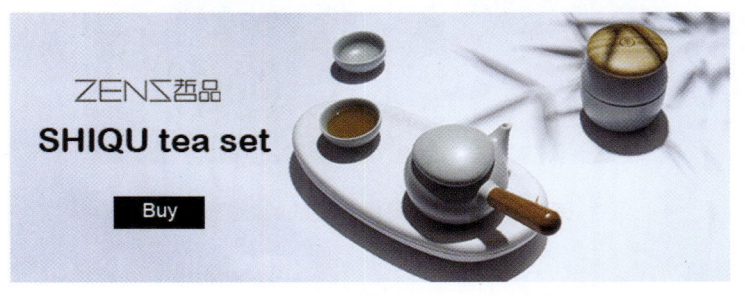

图10-8　首焦图的最终效果

操作步骤

第 1 步：制作背景图像

新建图层组"首焦图"。在水平方向 520 像素处添加参考线。新建图层"首焦图背景"，使用矩形选框工具创建 640 像素×260 像素的选区。将"前景色"设置为 RGB（224，230，244），"背景色"设置为（240，244，252），使用渐变工具，将渐变类型设置为线性渐变，选择前景到背景渐变模式，在选区中从上到下拖动填充渐变。

置入"氛围图"图片素材，在选项栏中将其大小调整为 12.5%，按回车键确认置入。选择氛围图，添加图层蒙版。选择画笔工具，将"前景色"设置为黑色，画笔硬度设置为 0，不透明度设置为 20%，在氛围图右侧较明显的边界线处涂抹，使氛围图与背景图过渡更自然。

第 2 步：制作文案

新建图层组"文案"，置入"LOGO2"图片素材，在选项栏中将其调整为合适的大小，按回车键确认置入。

使用横排文字工具，将字体设置为"Arial Rounded MT BLOD"，字号设置为"30 点"，颜色设置为黑色，输入文字"SHIQU tea set"。

使用矩形工具绘制 80 像素×25 像素的矩形。使用横排文字工具，将字体设置为"Arial"，字号设置为"18 点"，颜色设置为白色，输入文字"Buy"。将矩形图层、"Buy"文字图层的对齐方式调整为水平居中对齐。

10.2.4 热卖商品推荐模块的设计与制作

热卖商品推荐模块的最终效果如图 10-9 所示。

10.2.4 实践任务：
首页热卖商品推荐
模块设计与制作

图10-9 热卖商品推荐模块的最终效果

操作步骤

第 1 步：添加参考线，确定显示空间

在水平方向 580 像素、960 像素处添加参考线，使热卖商品推荐模块和首焦图在垂直方向上留出一定的空间。在垂直方向 30 像素、305 像素、335 像素、610 像素处分别添加参考线，确定垂直空间。新建图层组"热卖商品"。

第 2 步：制作标题部分

使用横排文字工具，将字体设置为"Impact"，字号设置为"40 点"，颜色设置为黑色，输入文字"HOT SALE"。

第 3 步：制作热卖商品第一部分

新建图层组"组 1"，选择圆角矩形工具，绘制一个 290 像素×320 像素、圆角度为 30 的黑色矩形，作为热卖商品图 2 的占位。置入素材"商品 2.jpg"，在选项栏中将其大小调整为 15%，按回车键确认置入。选择"商品 1"图层，创建剪贴蒙版。

使用横排文字工具，将字体设置为"Arial"，字体样式设置为"BOLD"，字号设置为"24 点"、颜色设置为白色，输入文字"Miao travel tea set"。使用横排文字工具，将字体设置为"Arial"、字体样式设置为"Bold"，字号设置为"20 点"，颜色设置为白色，在右下方输入文字"Buy>"。

第 4 步：制作热卖商品第二部分

复制图层组"组 1"，重命名为"组 2"。将图层组移动到右侧定位框，删除"商品 2"

图层，置入"商品8"图片素材，在选项栏中将其大小调整为38%，按回车键确认置入。右击，在弹出的快捷菜单中选择"栅格化图层"命令，将图层栅格化。仿制图章工具，以商品图周围的像素为采样点，填充商品图片上端缺失的部分，注意可以通过调整仿制图章的不透明度使图像与两边像素更加融合。选择"商品8"图层，创建剪贴蒙版。将其上端文字部分修改为"Peace travel tea set"。

10.2.5 新品推荐模块的设计与制作

新品推荐模块的最终效果如图10-10所示。

10.2.5 实践任务：首页新品推荐模块设计与制作

图10-10 新品推荐模块的最终效果

操作步骤

第1步：添加参考线，确定显示空间

在水平方向1020像素、1320像素、1350像素、1650像素处添加参考线，确定新品推荐模块的水平位置。新建图层组，重命名为"新品推荐"。

第2步：制作标题部分

使用横排文字工具，将字体设置为"Impact"，字号设置为"40点"，颜色设置为黑色，输入文字"NEW ARRIVAL"。

第3步：制作新品推荐模块第一部分

新建图层组"组3"。选择圆角矩形工具，绘制一个290像素×300像素、圆角度为30的白色圆角矩形，作为推荐商品图1的占位。置入"商品5"图片素材，在选项栏中将其大小调整为 45%，按回车键确认置入。选择"商品 5"图层，创建剪贴蒙版。

使用横排文字工具，将字体设置为"Arial"，字号设置为"20 点"，颜色设置为黑色，输入文字"Frog decoration Buy>"。

第 4 步：制作新品推荐模块第二部分

复制图层组"组 3"，重命名为"组 4"，将图层组移动到右侧定位框，删除"商品 5"图层，置入"商品 6"图片素材，在选项栏中将其大小调整为 45%，按回车键确认置入。选择"商品 6"图层，创建剪贴蒙版。将其底端文字修改为"Portable celadon tea cup Buy>"。

第 5 步：制作新品推荐模块第三部分

复制图层组"组 3"，重命名为"组 5"，将图层组移动到间隔区下方左侧的定位框，删除"商品 5"图层，置入"商品 4"图片素材，在选项栏中将其大小调整为 35%，按回车键确认置入。选择"商品 4"图层，创建剪贴蒙版。将其底端文字修改为"Round handle teapot Buy>"。

第 6 步：制作新品推荐模块第四部分

复制图层组"组 3"，重命名为"组 6"，将图层组移动到间隔区下方右侧的定位框，删除"商品 5"图层，置入"商品 12"图片素材，在选项栏中将其大小调整为 35%，按回车键确认置入。选择"商品 12"图层，创建剪贴蒙版。将其底端文字修改为"China ceramic cups Buy>"。

10.2.6　休闲商品推荐模块的设计与制作

休闲商品推荐模块的最终效果如图 10-11 所示。

10.2.6　实践任务：首页休闲商品推荐模块设计与制作

图10-11　休闲商品推荐模块的最终效果

操作步骤

第 1 步：添加参考线，确定显示空间

在水平方向 234 像素处添加参考线，确定休闲商品推荐模块的水平位置。

第 2 步：制作标题部分

复制图层组"新品推荐"，重命名为"茶具配件"。打开"茶具配件"图层组，将原标题"NEW ARRIVAL"修改为"LEISURE LIFE"。

第 3 步：修改内容和名称

删除图层组"组 3"中的"商品 5"图层，重新置入"商品分类 6"图片素材，在选项栏中将其大小调整为 15%，按回车键确认置入。选择"商品分类 6"图层，创建剪贴蒙版。将底端文字"Frog decoration Buy>"修改为"Goblet set Buy>"，并且移动到合适的位置。

同理，替换"组 4""组 5""组 6"图层组中相应的图片，同时修改对应文字，并且移动到合适的位置。

10.3 移动端商品详情页设计实践

10.3.1 设计流程

第 1 步：商品宣传广告的设计与制作

使用矩形工具绘制宣传广告占位，置入图片并设置剪贴蒙版，使用横排文字工具输入文字，如图 10-12 所示。

第 2 步：商品整体区的设计与制作

使用横排文字工具输入文案，使用矩形工具绘制宣传广告占位，置入图片并设置剪贴蒙版，使用文本工具输入各部分细节介绍，如图 10-13 所示。

第 3 步：商品描述区的设计与制作

使用横排文字工具制作商品参数部分，如图 10-14 所示。

第 4 步：商品实拍区的设计与制作

使用形状图层和剪贴蒙版工具实现布局，如图 10-15 所示。

第 5 步：商品包装区的设计与制作

使用形状图层布局和剪贴蒙版工具实现布局，如图 10-16 所示。

图10-12　商品宣传广告　　　图10-13　商品整体区　　　图10-14　商品描述区

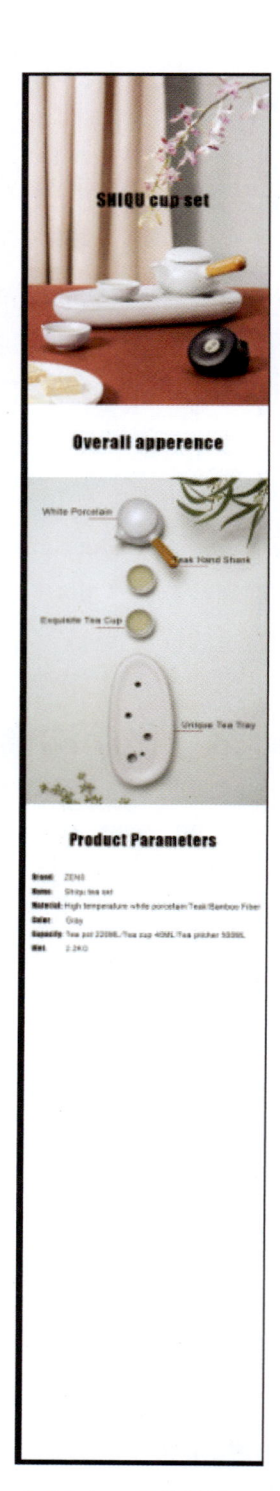

第 10 章　移动端网店设计与装修

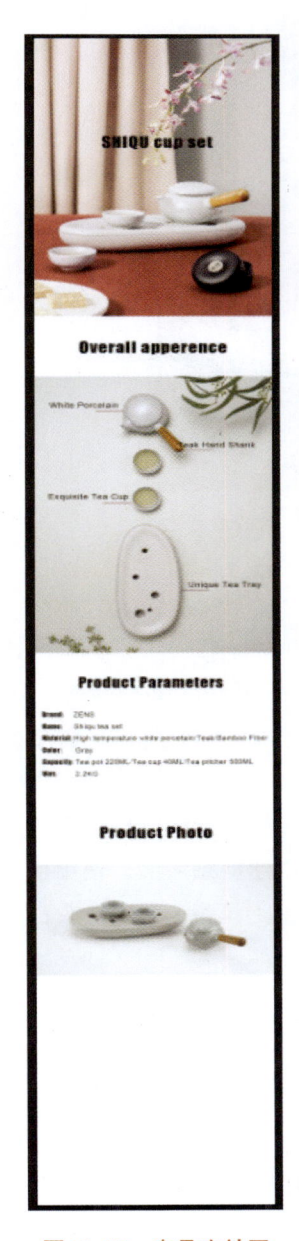

图10-15　商品实拍区　　　图10-16　商品包装区

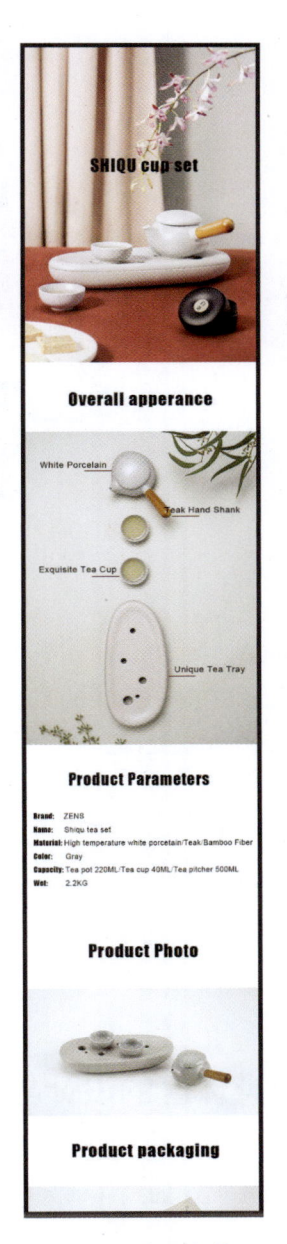

10.3.2　商品宣传广告的设计与制作

商品宣传广告的最终效果如图 10-17 所示。

10.3.2　实践任务：详情页宣传广告设计与制作

图10-17 商品宣传广告的最终效果

操作步骤

打开 Photoshop，按 Ctrl+N 组合键新建文件，命名为"哲品茶具移动端商品详情页设计"。将文件设置为 640 像素×3800 像素、72 像素/英寸、白色背景、RGB 颜色模式。

在水平方向 900 像素处添加参考线，确定商品宣传广告的大小为 640 像素×900 像素。新建图层组"商品宣传广告"。选择矩形工具，绘制一个 640 像素×900 像素的黑色矩形，作为商品广告图的占位。置入"广告图 2"图片素材，在选项栏中将其大小调整为 40%，按回车键确认置入。选择"商品广告图 2"图层，创建剪贴蒙版。使用横排文字工具，将字体设置为"Impact"，字号设置为"48 点"，颜色设置为黑色，在图片空白处输入文字"SHIQU cup set"。

10.3.3 商品整体区的设计与制作

10.3.3 实践任务：详情页产品整体图设计与制作

商品整体区展示商品的整体效果，最终效果如图 10-18 所示。

操作步骤

第 1 步：制作标题

新建图层组"商品整体"，在水平方向 1100 像素处添加参考线。使用横排文字工具，将字体设置为"Impact"，字号设置为"48 点"，颜色设置为黑色，在上面的空白位置输入文字"Overall apperance"。

第 2 步：制作整体图

在水平方向 2000 像素处添加参考线，确定商品宣传广告的大小为 640 像素×900 像素。

选择矩形工具，绘制一个 640 像素×900 像素的黑色矩形，作为商品整体图的占位。置入"商品整体图"图片素材，在选项栏中将其大小调整为 40%，按回车键确认置入。选择"商品整体图"图层，创建剪贴蒙版。

第 3 步：制作细节描述

使用直线工具绘制形状图层，并且复制出另外三条直线，分别指向茶壶盖、手柄、小茶杯和茶托。使用横排文字工具，将字体设置为"Arial"，字号设置为"24 点"，颜色设置为黑色，输入文字"White Porcelain"、"Teak Hand Shank"、"Exquisite Tea Cup"和"Unique Tea Tray"，分别位于直线边上。

图10-18　商品整体区的最终效果

10.3.4　商品描述区的设计与制作

10.3.4　实践任务：详情页产品描述图设计与制作

商品描述区使用文字的形式，简洁大方，商品描述区的最终效果如图 10-19 所示。

新建图层组"商品描述"，在水平方向 2500 像素处添加参考线。使用横排文字工具，将字体设置为"Impact"，字号设置为"48 点"，颜色设置为黑色，输入文字"Product Parameters"。下方具体参数标签部分的字体使用"Impact"，详细描述部分的字体使用

"Arial",字号均设置为"22 点"。

图10-19　商品描述区的最终效果

10.3.5　商品实拍区的设计与制作

商品实拍区展示商品实际拍摄效果图,最终效果如图 10-20 所示。

新建图层组"商品实拍",在水平方向 2700 像素处添加参考线。使用横排文字工具,将标题文字的字体设置为"Impact",字号设置为"48 点",颜色设置为黑色,在图片上方的空白处输入文字"Product Photo"。

10.3.5　实践任务：详情页产品实拍图设计与制作

图10-20　商品实拍区的最终效果

在水平方向 3050 像素处添加参考线,确定商品实拍图的大小为 640 像素×350 像素。选择矩形工具,绘制一个 640 像素×350 像素的黑色矩形,作为商品实拍图的占位。置入"商品实拍图"图片素材,在选项栏中将其大小调整为 22%,按回车键确认置入。选择"商品实拍图"图层,创建剪贴蒙版。

10.3.6　商品包装区的设计与制作

商品包装区展示商品包装效果,最终效果如图 10-21 所示。

10.3.6　实践任务：详情页产品包装图设计与制作

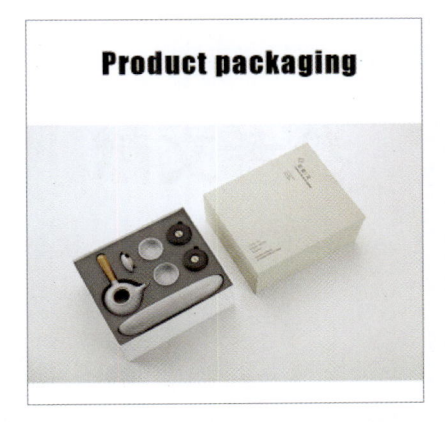

图10-21　商品包装区的最终效果

新建图层组"商品包装",在水平方向 3250 像素处添加参考线。使用横排文字工具,将字体设置为"Impact",字号设置为"48 点",颜色设置为黑色,在图片上方的空白处输入文字"Product packaging"。

在水平方向 3680 像素处添加参考线,确定商品实拍图的大小为 640 像素×430 像素。选择矩形工具,绘制一个 640 像素×430 像素的黑色矩形,作为商品包装图的占位。置入"商品包装图"图片素材,在选项栏中将其大小调整为 32%,按回车键确认置入。选择"商品实拍图"图层,创建剪贴蒙版。

本章关键词

网店风格;色彩搭配;页面布局;移动端首页设计;移动端商品详情页设计。

本章习题

实践题:自选一种地方特色商品,自创一个品牌并进行移动端网店的设计与装修。

参考文献

[1] 闫寒,乔哲.跨境电商美工实务[M].2版.北京:中国人民大学出版社,2022.05.

[2] 方玲,毛利.电商视觉营销全能一本通[M].北京:人民邮电出版社,2021.01.

[3] 唯美世界,曹茂鹏.Premiere Pro 2020 完全案例教程[M].北京:中国水利水电出版社,2020.07.

[4] 童海军,陈民利.网店视觉营销与美工设计[M].北京:北京理工大学出版社,2020.02.

[5] 凤凰高新教育.网店美工必读 Photoshop 网店设计与装修从入门到精通:PC 端+手机端[M].北京:北京大学出版社,2017.09.

[6] 胡秋芬.网店美工[M].北京:电子工业出版社,2017.02.

[7] 胡卫军.版式设计从入门到精通[M].北京:人民邮电出版社,2017.04.

[8] 速卖通大学.跨境电商美工阿里巴巴速卖通宝典[M].北京:电子工业出版社,2016.01.